诺奖作家
给孩子的阅读课

心智成长

[英]高尔斯华绥等 著　张　明等译

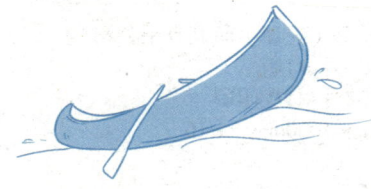

天 地 出 版 社 ｜ TIANDI PRESS

图书在版编目（CIP）数据

心智成长 /（英）高尔斯华绥等著；张明等译. —
成都：天地出版社，2024.3
（诺奖作家给孩子的阅读课）
ISBN 978-7-5455-8222-2

Ⅰ.①心… Ⅱ.①高…②张… Ⅲ.①阅读课—中小学—教学参考资料 Ⅳ.①G634.333

中国国家版本馆CIP数据核字（2023）第257066号

NUOJIANG ZUOJIA GEI HAIZI DE YUEDU KE · XINZHI CHENGZHANG

诺奖作家给孩子的阅读课·心智成长

出 品 人	杨　政
作　　者	［英］高尔斯华绥等
译　　者	张　明等
责任编辑	杨　露
责任校对	梁续红
插　　画	刘　洋
封面设计	纸深文化
内文排版	谢　彬
责任印制	王学锋
出版发行	天地出版社 （成都市锦江区三色路238号　邮政编码：610023） （北京市方庄芳群园3区3号　邮政编码：100078）
网　　址	http://www.tiandiph.com
电子邮箱	tianditg@163.com
经　　销	新华文轩出版传媒股份有限公司
印　　刷	迪明易墨（天津）印刷有限公司
版　　次	2024年3月第1版
印　　次	2024年3月第1次印刷
开　　本	710mm×1000mm　1/16
印　　张	9.75
字　　数	117千字
定　　价	29.00元
书　　号	ISBN 978-7-5455-8222-2

版权所有◆违者必究

咨询电话：（028）86361282（总编室）
购书热线：（010）67693207（营销中心）

如有印装错误，请与本社联系调换。

编者的话

2012年，我国作家莫言先生获得了诺贝尔文学奖，一时间激起了国内读者阅读诺奖作家作品的热潮。诺贝尔文学奖无疑是世界最具影响力的文学奖项之一，代表着文学创作的卓越成就。一百多年来评选出了上百位得主，他们的作品在思想深度、精神内涵和语言艺术等方面均具有卓越品质。

为了让孩子能够接触到高质量的文学作品，以培养他们的文学素养，提高他们的欣赏品位和阅读品鉴能力，我们想到了为他们选编一套诺奖作家的作品集。

最初，我们很担心诺贝尔文学奖得主的作品由于思想过于深邃而让人感到艰深晦涩，但查阅了上百位诺奖得主的作品后，我们惊喜地发现，大部分诺奖作家都曾写过生趣盎然、简单易懂的作品，即便是孩子，也可以轻松理解。

于是，我们参考了教育部推荐阅读的文学篇目，精选出这套既适合孩子阅读又富有教育启发意义的丛书——诺奖作家给孩子的阅读课。

丛书共六册，分六个主题，涉及孩子成长过程中的六大重要主题。

心智成长：包括《觉醒》（高尔斯华绥）、《勇敢的船长》（吉卜林）和《论创造》（罗曼·罗兰）等作品，帮助孩子培养独立、自信、坚韧不拔等优秀品质，让他们内心充盈起来，能够勇敢面对成长过程中的各种挑战。

生命教育：包括《在异乡》（海明威）、《鹰巢》（比昂逊）和《小银和我》（希梅内斯）等作品，引导孩子意识到生命的宝贵，理解爱与关怀的重要性，珍惜生命，关爱他人，培养孩子积极的人生观。

人生智慧：包括《童年逸事》（黑塞）、《山里人家的圣诞节》（汉姆生）和《安妮与奶牛》（延森）等作品，带领孩子体验世间百态，探索生活的多样性和人生的丰富性，激发孩子对生活的热爱与思考，从而塑造积极的人生态度。

情感启蒙：包括《破裂》（泰戈尔）、《塔楼里的王子》（法朗士）和《暑假作业》（川端康成）等作品，引导孩子认识情感，理解他人的感受，学会表达自己的情感，并与他人建立良好的人际关系。

品格修养：包括《品质》（高尔斯华绥）、《皇帝和小女孩》（萧伯纳）和《艰难的时刻》（托马斯·曼）等作品，着重培养孩子的道德观念与行为准则，以及正直、善良、宽容和有责任感等美好品格，引导他们成为具有良好品格修养的人。

亲近自然：包括《白海豹》（吉卜林）、《一只狗的遗嘱》（尤金·奥尼尔）和《小野猪》（黛莱达）等作品，让孩子认识到大自然中万事万物的美妙和脆弱，培养他们关爱大自然、保护野生动植物的意识。

为了使孩子能够更好地理解和接受这些作品，我们按照阅读的

编者的话

难易程度进行了编排，让他们能够循序渐进地熟悉这些名篇佳作，逐渐爱上阅读。同时，我们为每一篇作品都增加了旁批，包括生词、知识点注释与文段语句赏析，让孩子在阅读的过程中解决障碍，积累知识，拓宽眼界，学会思考。

此外，我们还精心制作了每位作家的档案卡，涵盖作家的生平经历、获奖理由以及适合作为作文素材的佳句名言等。这些辅助内容可以帮助孩子更好地了解作家的生平和创作风格，加深对作品的把握与理解。

我们希望，通过阅读这套书，孩子不仅能感受到文学之美，还能提升阅读理解能力、语言表达能力；不仅能了解到关于生命、生活、自然、社会的有用知识，还能在品格、情感等方面获得成长。

衷心期待这套书能为孩子带来愉快的阅读体验，成为他们人生道路上的良师益友。

目 录

法朗士

罗歇的种马　　　　　　　　　　　　　　　　4
枯　叶　　　　　　　　　　　　　　　　　　6

高尔斯华绥

觉　醒　　　　　　　　　　　　　　　　　　12

黑　塞

这是我的痛苦　　　　　　　　　　　　　　　48
梦　　　　　　　　　　　　　　　　　　　　49

吉卜林

勇敢的船长　　　　　　　　　52
如　果　　　　　　　　　　　129

罗曼·罗兰

论创造　　　　　　　　　　　134

福克纳

阿尔贝·加缪　　　　　　　　140

夸西莫多

雨洒落过来了　　　　　　　　146
我什么也没有失去　　　　　　147

心智成长

○ 作家档案

中 文 名：**法朗士**

外 文 名：Anatole France

国　　籍：法国

出生日期：1844年4月16日

逝世日期：1924年10月12日

认识作者

　　法朗士，作家、文学评论家。他生于巴黎一个书商家庭，进入学校后，法朗士虽然学习成绩一般，但博览群书，涉猎广泛，为后来踏上写作之路积累了很多素材。毕业后，法朗士在出版社做校对工作，并开始在报刊发表作品。1881年，长篇小说《波纳尔之罪》出版后，法朗士声名大振。

1921年诺贝尔文学奖

获奖理由：
　　他辉煌的文学成就，在于他高尚的文体、怜悯的人道同情、迷人的魅力，以及一个真正的法国人性情所形成的特质。

创作风格

　　法朗士用他的博学才识和丰富想象力，创造出一种纯属于个人的作品题材。他擅长用温和的语气幽默地对笔下的人物和现象进行讽刺，这使他的作品风格多样并具有丰富的变化。同时，法朗士还擅长利用隐喻和象征增强作品的表现力，对社会黑暗与丑恶进行讽刺，为唤醒人民、改造社会做着不懈的努力。

作文素材

　　任何事情在它的本身无所谓正直或者可耻，公正或者偏私，快乐或者痛苦，好或者坏。这是人们的见解把种种性质加到事物上面，正好像用盐把滋味加到菜肴上面一样。《黛依丝》

　　我的生活虽然很渺小，但也是一种生活，意味着万物的中心，世界的中央。请别笑话我这么说，或者即便想笑也请只是出于善意，您得想想这一点：任何生命，哪怕只是条小狗，都处于万物的中心。《小友记》

罗歇的种马

张 明/译

> 有良好基因的雄性马。

养**种马**真是件让人心焦的事。马是一种娇气的动物,需要悉心照料。如果不相信,你可以问问罗歇!

他现在正忙着给他那只高贵的栗色马梳毛,假如它没有在争斗中失去半根尾巴,它将是木马界的明珠,黑森林种马场之花。罗歇特别想知道木马的尾巴是否还会长出来。

罗歇在幻想中给他的马擦好身体,喂了一点想象出的燕麦。这些小巧玲珑的木制生灵就应该这样喂养,小孩子们可以骑着它在梦的领地上疾驰。

现在罗歇骑着他精神饱满的战马出发了。这可怜的动物没有了耳朵,鬃毛上全是缺口,像一把破旧的梳子。但罗歇爱它。很难说是为什么!这匹栗色的马是一个穷人送给他的礼物。不知为何,穷人的礼物,似乎总比任何人的都更可爱。

> 在孩子眼中,人没有贵贱之分,这体现了孩子的纯真与善良。

罗歇出发了。他骑了很远。地毯上的花是热带森林的花朵。祝你好运,小罗歇!愿你的小木马驮着你快乐地走遍世界!愿你永远不会有更危险的坐

法朗士

骑！我们都骑着自己的马——虽小却美妙！谁会没有自己的木马呢？

成年人的木马疯了似的在人生的道路上奔驰。这匹追逐荣耀，那匹追逐欢愉。许多木马跃过悬崖，摔断了骑手的脖子。我祝你好运，小罗歇，<u>但愿当你长大成人后，能跨骑着两匹木马——它们一匹朝气蓬勃，一匹温文尔雅。一匹叫勇气，另一匹叫善良。它们都是高贵的骏马，总能引你走上正确的道路。</u>

> 🖉 运用比喻的修辞手法，将木马比作人的高贵品质，使主题得到升华。

阅读小助手

罗歇是一个天真、善良的小孩子，他有一匹自己非常喜欢的木马，那是穷人送给他的礼物。他把这匹木马幻想成一匹真正的马，悉心照料，骑着它在梦的领地上驰骋。

这是一篇很简单的作品，却让人回味无穷。我们每一个人都有自己的木马——我们的坚持和我们的信仰，它们也是带领我们走向前方的力量。

枯 叶

张 明/译

> 环境描写。交代秋天林中的景象，为下文采集枯叶做铺垫。

> 植物。属桦木科，落叶乔木。

秋天降临了。树林间穿梭的风把枯叶搅得狂飞乱舞。栗树早已全秃，枝干如黑色的骸骨伸向天空。而现在，山毛榉和鹅耳枥的叶子正在掉落；赤杨和白杨也加入了金色大军，只有那宏伟的橡树还戴着翠绿宝冠。

这是一个清新的早晨。灰色的天空中，一阵刺骨的寒风正追云逐雾，吹得孩子们手指通红。皮埃尔、巴贝和让诺一起出发去采集枯叶。这些枯叶，在枯萎之前，曾经充盈着露水和鸟儿的歌声，可现在它们成千上万的枯皱尸体却铺满了大地。它们已经失去生命，却还散发着好闻的味道。对山羊里凯特和母牛鲁塞特来说，它们是优良的褥草。皮埃尔带上了他的大篮子，像个小男人。巴贝拿着袋子，像个小妇人。让诺推着一辆独轮车，走在最后。

三人一路跑着下山。在树林边上，他们遇见了其他村落的孩子，这些孩子也来采集枯叶，然后带回家储藏起来过冬。大家不是来玩耍的，而是来干活儿的。

但不要觉得孩子们会因为干这活儿而不开心。确实，干活儿是件严肃的事，但并非不开心的事。孩子们常常为了好玩儿而模仿大人干活，且孩子们的游戏，在大多数时候，也都是仿照大人在平日里做的工作。

现在他们鼓足了干劲儿。男孩子们一声不吭地做着自己的事。他们都是农家小伙儿，不久就会长大成人。这些农民的话不多，但女孩子则不同，她们一边往篮子和袋子里装枯叶，一边说个不停。

太阳越升越高，温暖了整个大地。农舍的屋顶上升起袅袅炊烟，孩子们都明白这是什么意思。这炊烟告诉他们，锅里正煮着豌豆汤呢。

> 形容烟气缭绕上升。

再抱走一怀抱的枯叶，这些小小工人就要返程归家了。他们背着麻袋，推着车子，很快就热得汗流浃背。皮埃尔、巴贝和让诺都停下了脚步喘口气。但一想到豌豆汤，他们又鼓足了劲头儿。终于，他们上气不接下气地回到了家。他们的妈妈正在门口等着他们，看见他们便高声喊道：

"快来呀，孩子们，汤已经煮好了。"

我们的小朋友们觉得这汤棒极了。没有什么汤会比自己劳动换来的汤更美味了。

> 虽然以往，豌豆汤对于孩子来说是极普通的食物，但是在劳动过后，这汤变得特别美味。

> **阅读小助手**
>
> 　　这篇文章篇幅虽短,却表达了无限的意味,读完让人不禁陷入沉思。在我们还未长大成人之时,谁会真正明白劳动的意义呢?文中的孩子们通过采集枯叶,既为家庭出了一份力,又从中体会到了收获的喜悦。
>
> 　　劳动是辛苦的,也是幸福的,从劳动中我们能获得成就感,懂得珍惜美好的生活。

○ 作家档案

中 文 名：**高尔斯华绥**

外 文 名：John Galsworthy

国　　籍：英国

出生日期：1867年8月14日

逝世日期：1933年1月31日

认识作者

　　高尔斯华绥，小说家、剧作家，英国现实主义文学的代表人物之一，和威尔斯、贝内特并称为"20世纪英国现实主义三杰"。早年因工作缘故曾游历世界各地。1893年，在一次出国考察回来的途中，他在一艘轮船上结识了当时还是轮船大副的著名作家约瑟夫·康拉德。在康拉德的影响下，他开始走上文学创作的道路。

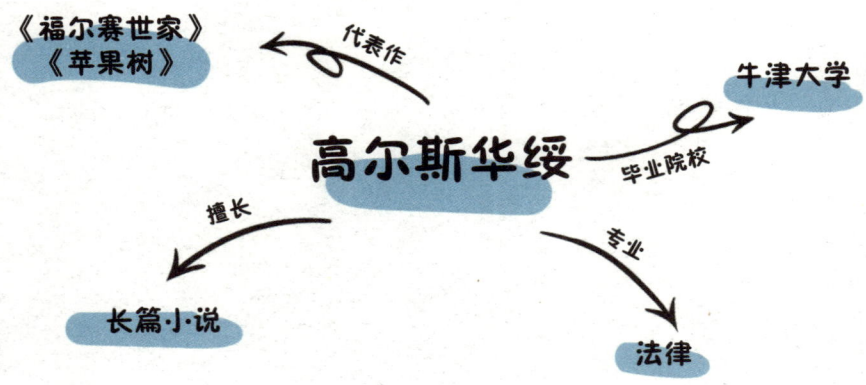

1932年诺贝尔文学奖

获奖理由:
　　因为他卓越的叙事艺术,并使这种艺术在《福尔赛世家》中达到了高峰。

创作风格

　　高尔斯华绥深受屠格涅夫影响,善于以优美的文字表达深沉细腻的感受。他的讽刺虽不够冷峻,但是富于人情味的,嘲弄中有谅解,批判中有怜悯。他主张小说要真实地反映现实,为现实主义小说在新条件下的发展提供了范例。他说小说只是提供生活的图画和实例,要让读者自己去做出判断。他强调反映生活时要创造典型性格,不是照抄生活中的原型。

作文素材

　　这个春天确实不同于他曾经经历过的任何一个春天,因为春天是在他心里,不是在外面。《苹果树》

　　一个艺术家要抓住一幕戏,或者一个城市,或者一个人的全部特点时,总是竭力去发现那些意义深长的细节。《福尔赛世家·有产业的人》

觉 醒

张 明/译

  下午五点钟，七月的阳光透过罗宾山大厅的巨大天窗，正好落在宽楼梯的拐角处。小乔恩·福尔赛站在那道亮光之中，身着蓝色亚麻布衣服。他的头发很亮，一如那双在紧皱的眉头之下闪亮的双眼。他正在决定这次该怎么下楼，这是在他思考了无数次之后的最后一次，不然接爸爸妈妈的汽车就要开回家了。一次下四阶，快到底时下五阶？老套！顺着扶手？但以哪种姿势呢？脸向下，脚朝前？更老套了！肚子贴在上面，侧身向下？不值一试！仰面躺着，双手垂向两边？这样不行！或是脸向下，头朝前，用一种少有人知但他却熟悉的方式？这就是让小乔恩亮堂的脸上眉头紧皱的原因……

  在1909年的那个夏天，那些仍在企图简化英语的头脑简单的人士，自然察觉不到小乔恩的存在，不然肯定把他视为拥趸(dǔn)。但人活一世，有些事就是会做得很简单。他的本名原是乔利恩，可是他健在的父亲和已故的同父异母的哥哥早已霸占了另外两

  通过描写小乔恩对怎样下楼梯的纠结态度，体现出他天真可爱的性格特征。

  指当时的英语简化运动。

  指支持者。

高尔斯华绥

个简称：乔和乔利，所以他只能叫乔恩。实际上，小乔恩已经按照习惯，把自己的名字写成约翰，只是常常写错。直到爸爸解释了这件事由不得他，他才把名字写成乔恩。

到目前为止，爸爸在他心中只占有一小部分，而其余部分则留给了会拉六角手风琴的马夫鲍勃，以及他的保姆达。达每到星期天都会穿上紫色的裙子，在家庭用人偶尔能享受的私人生活中，她也乐意别人称呼她为斯普拉金斯。在他心目中，妈妈的形象如在梦里一样模糊，只是一个闻起来很香，在他入睡前为他轻抚额头，有时也为他梳理金褐色头发的人。他在育儿室的护板上撞破头时，她会来照顾他。他做噩梦时，她会坐在床头，让他的头依偎着她的脖子。因为达离他很近，所以妈妈即便像天使，却让人觉得很遥远，而一个男人的心里很难同时容下两个女人。至于爸爸，自不必说，他们之间也有着特殊的情谊，那是因为小乔恩长大后也想成为一名画家——只是稍稍有一点不同，爸爸画的是画，而小乔恩想要画的是天花板和墙壁。他时常想象自己在两架人字梯中间搭一块木板，自己站在上面，系着一条脏兮兮的围裙，全身散发着一股令人陶醉的涂料气味。爸爸还带他在里士满公园骑马，骑的是他的小矮马"老鼠"，起这个名字是因为它

✏️ 小乔恩从小就爱幻想，头脑活跃，同时也有自己明确的志向。

有老鼠一样的毛色。

小乔恩生在一个富贵之家。他的嘴很大，嘴角上弯。他从来没有听到过爸爸妈妈说气话，无论是对彼此，对他，还是对别人。马夫鲍勃、库克、简、贝拉和其他用人，甚至连专门管教他行为举止的达，对他说话时都会用亲热的语气。正因如此，他认为这个世界是文雅和自由之地，完美无瑕且亘古不变。

作为1901年出生的孩子，在他开始记事时，他的国家发过一次严重的"猩红热"——布尔战争，正在迎接1906年的自由主义复兴。那会儿不流行高压策略，父母都认为孩子应该享受童年的美好。他们对孩子宠溺有加，且热忱地期待着这对孩子的成长能有好结果。此外，能选中一位五十二岁、性格温和、有过丧子之痛的男人做父亲，一位三十八岁、只生过他这一个孩子的女人做母亲，小乔恩算是干得漂亮。让他免于沦为宠物狗和小公子哥的混合体的，是爸爸对妈妈的爱。连小乔恩都能看得出来，妈妈不仅是他的妈妈，在他爸爸的心中，自己也不过排第二位。而自己在妈妈心中的地位，小乔恩就不得而知了。至于琼"姨妈"，他同父异母的姐姐（但是已经年长到不适合当他的姐姐了），当然也爱他，但她的爱太突然了。他那热忱的达也有

📝 小乔恩成长于一个温暖的环境中；用人和马夫的存在表明这是一个富贵的人家。

📖 整个古代。

📖 英国对南非布尔人的战争。

高尔斯华绥

种清苦的斯巴达人风格，只给他洗冷水澡，且膝盖总是光着；不许他为此表现出难受。至于棘手的教育问题，小乔恩的想法与一些人不谋而合，认为孩子的教育不能强迫。他相当喜欢那位每天早晨花两个小时来教他法语、历史、地理和算术的法国小姐。妈妈给他上的钢琴课也让他很惬意，因为她总有办法找到充满趣味的曲目，从来不让他练习那些枯燥无聊的曲子，这样他才会渴望把手指练得灵活。在爸爸的教导下，他学会了画快乐的猪和其他动物。他不是一个受过很多教育的小男孩。不过，总的来说，他这个爸妈的掌上明珠还算没被宠坏，尽管达有时候说和别的孩子一起玩儿对他有天大的好处。

正因如此，在他快要七岁，达因为他想做一些她不准许的事把他按倒在地上时，他感到了一次幻灭。福尔赛血统里的自由基因第一次受到了干涉，这让他快要发狂了。那种彻底无助的状态，以及不确定是否会有尽头的感觉，令人恐惧。要是她永远都不放自己起来呢？他声嘶力竭，忍受了五十秒的痛苦。最可怕的是，他意识到过了这么久的时间达才明白他有多痛苦。于是，他以这种糟糕的方式，发现了人类是多么地缺乏想象力。

当准许他起身时，他仍然坚信达做了一件很坏

✏️ 故事到这里出现了转折，写小乔恩第一次大的心理波动，那是由达对他的管教造成的。

的事。虽然他不愿当一个控告她的人，但反复袭来的恐惧让他不得不去找妈妈说："妈妈，别让达再把我按在地上了。"

妈妈双手举过头顶，手里拿着两条发辫——"couleur de feuille morte"，小乔恩还不会用这句法语形容她头发的颜色——她那双颜色好似他棕色天鹅绒外衣的眼睛看着他，回答说：

"好的，亲爱的，我会让她别这么做的。"

小乔恩心满意足，因为她就像对他有求必应的女神。尤其是有一天吃早餐时，他正好躲在餐桌底下等着吃蘑菇，结果偷听到她对他爸爸说：

"那么，亲爱的，是你去告诉达呢，还是我去？她对他太用心了。"

他爸爸回答道：

"总之，她不应该有那样的举动。我很清楚被人按在地上是什么感觉。福尔赛家族的人一分钟也受不了。"

小乔恩意识到他们不知道他在桌下，一种算得上是新鲜的尴尬感袭上他的心头，他待在原地，苦等着那盘蘑菇。

他就这样初探了人生的黑暗深渊。此后，他一直没有什么新鲜的体验。直到有一天，他到牛棚去喝加勒特挤的新鲜牛奶，结果看见克洛弗的牛犊死

> 法语，枯叶色。

> 世界对一个孩子来说是充满未知的，他需要不断地经历新鲜的事情，得到磨炼，才能逐渐成长。

高尔斯华绥

了。他伤心难耐，领着沮丧的加勒特去找达，但突然意识到她不是他想要找的人。他跑去找爸爸，最后却来到妈妈的怀里。

"克洛弗的小牛死了！噢！噢！它看上去软趴趴的！"

妈妈紧紧抱着他，连说：

"是啊，亲爱的，好了，好了！"总算止住了他的抽泣。可是，如果克洛弗的牛犊会死，那么任何东西都会死——不仅仅是蜜蜂、苍蝇、甲虫和鸡——而且同样是这样软趴趴的！这件事太可怕了——然而，这件事很快就被他忘到了脑后！

下一件事是小乔恩一屁股坐上一只大黄蜂，这是一次悲惨沉痛的经历，这一点妈妈比达更能体会。在这以后，一直到年底都没发生什么重大的事，直到翻过年关。他经历了不幸的一天，患上了麻疹，然后卧床，用小匙喝蜂蜜，还吃了许多蜜橘。到此，世界才开出花朵。这些花朵要归功于琼"姨妈"。他刚变得像一只小跛脚鸭，她就从伦敦匆忙赶来，带来了她挑选的书，当初就是这些书培养出了她这位诞生于著名的1870年的狂战士。这些书陈旧不堪，五颜六色，却装着许多波澜壮阔的故事。她一一读给小乔恩听，直到他能够自己阅读，她便匆匆赶回伦敦，把这一大堆书留给了他。这些

✏️ 一个人的成长过程，总是会伴随着一些意外和意外所带来的收获。

📘 指1870年的普法战争。

书燃起他的幻想，他昼想夜梦的全是海军学校学员、阿拉伯独桅帆船、海盗、木筏、檀香木商、蒸汽机车、鲨鱼、战争、鞑靼人、印第安人、气球、北极和其他不可思议的趣事。一等到大人允许他起身，他就把床的前后都装上帆，作为大船，然后从床上钻进小船——一只小澡盆里，乘着它航行过绿色的地毯之海，借助桃花心木抽屉的把手，爬上一块岩石，把喝水的玻璃杯扣在眼睛上瞭望四方，寻找救援的帆船。他用毛巾架、茶具托盘和枕头做了一只日常用的木筏；将从法国黑李中挤出的汁液，装在一个空药瓶里，当作木筏上储备的朗姆酒；而印第安干肉饼，则是用省下来的鸡肉丁放在火边烤干做成的；还有对付坏血病的青柠汁，是从橘子皮和他剩下的一点儿果汁里榨出来的。一天早上，他把除长枕头外所有的床上用品拿到一起做了一个北极，并乘着一条桦木舟（不玩时它就是壁炉围栏）成功抵岸，遭遇了一只"北极熊"，其实是长枕头披着达的睡衣，加四只滚球游戏的柱子。之后，爸爸为了安定他的想象力，给他带来了《艾凡赫》和一本关于亚瑟王的书，还有《贝维斯》和《汤姆·布朗的求学时代》。他读了第一本，整整三天时间里都在修建、保卫和袭击贝夫将军的城堡，扮演了除丽贝卡和罗维娜之外的每一个角色，同时高

> 这一系列的行为，生动展现了小乔恩的想象力和对冒险故事的热情。

> 英国作家沃尔特·司各特创作的长篇历史小说。

> 19世纪英国作家托马斯·休斯创作的描写求学生活的小说。

声叫喊着"En avant, de Bracy！"和类似的话。读过亚瑟王的事迹后，他仿佛除兰马洛克·德·加利斯爵士以外谁也不是，要说原因嘛，尽管书里写他的地方很少，但这个名字是他最喜欢的。他还一天到晚骑着他的木马，拿着一根长竹竿当作武器。《贝维斯》则很枯燥，再说了，玩起来要有树林和动物，但除了两只没有自由的猫——菲茨和普克·福尔赛，育儿室里没有这些东西。至于《汤姆·布朗的求学时代》，对他来说还太早了。等到过了四个星期，他获准下楼外出时，家里人才终于松了一口气。

法语，"前进，德布雷西！"

时间来到三月，树木看上去格外像船上的桅杆。对小乔恩来说，这是一个美妙的春天，可是对他的膝盖、衣服和给他缝补洗衣的达来说，真是一场严峻的考验。每天早上一吃完早饭，爸爸妈妈就能从窗户看见他从书房里出来，穿过廊亭，爬上那棵老橡树。他的神情坚毅，头发发亮。他的一天就这样开始，因为上课之前并没有更多的时间让他跑去更远的地方。老树上的杂耍表演从不使人厌烦——它有主桅、前桅、上桅，而且他总是可以通过升帆索，或者秋千的绳索爬下来。十一点下了课，他会到厨房去拿一片薄奶酪、一块饼干和两个法国黑李——至少够小船用的物资了——然后带着

作者只用了简单几句话，便将小乔恩的顽皮形象刻画出来。

一点想象力吃起来。接着，他用大人的工具把自己武装到牙齿，然后正式开始早间的攀登，途中遇到了无数的奴隶贩子、印第安人、海盗、豹和熊。每天的这个时段，他嘴里总是咬着一把弯刀（就像迪克·尼达姆），在铜制瓶盖的快速爆响声中出现在你面前。许多园丁倒在了他的小黄豆枪下。野蛮暴力就是他的生活。

"乔恩可真不像话。"在橡树下，他的爸爸对妈妈说道，"我怕他长大后会成为一个水手，或者进入类似的没出息的行当。你看出他有一点儿对美的鉴赏力了吗？"

> 父亲开始对小乔恩的成长感到担忧，因为小乔恩整天沉迷于幻想中的冒险生活。

"一点儿都没有。"

"谢天谢地他没有去捣鼓轮胎和发动机！除了这个我什么都能接受。但我还是希望他能对大自然更感兴趣。"

"乔，他是很有想象力的。"

"是啊，只要是野蛮的事情。他现在爱谁吗？"

"没有，他所有人都爱。没有人比乔恩更有爱心，更可爱。"

"因为他是你的儿子，艾琳。"

此时，小乔恩正躺在他们头上的一根树枝上，用两粒黄豆射到了他们。但是这一小段浓厚黏稠的

高尔斯华绥

对话，却深深地刻在他的脑袋里——有爱心，可爱，有想象力，野蛮！

树叶现在已经很浓密了，他的生日也快到了；每年五月十二日，在精心准备的晚宴上，总有肝脏、蘑菇、蛋白杏仁饼和姜汁啤酒，每每让他难忘。

然而，在他过完八岁生日，到他在七月的阳光下站在楼梯拐角处的那个下午之间，发生了几件重要的事情。

达，可能是已经疲于为他洗膝盖，也可能是受到一种神秘的直觉驱使，以至要"遗弃"自己抚养的孩子。她在他生日的第二天泪流满面地告辞了，要去嫁给——偏偏是——一个男人。这件事此前一直瞒着小乔恩，结果使他一整个下午都伤心欲绝。这件事不应该瞒着他！两大箱子锡兵和一些大炮，连同一本《年轻的号角手》——这些都是他收到的生日礼物，他悲伤地利用这些策划了一场"政变"。他不再冒着生命危险去冒险，而是在想象中，拿无数锡兵、弹珠、石头和豆子的生命去冒险。他收集了一系列这类的"炮灰"，让它们轮流上阵，投入半岛战争、七年战争、三十年战争和其他战争，这些都是他最近从爷爷的那本大部头《欧洲史》上读来的。他随自己的天才想法做了一些改动，在日间育儿室的地板战场上开战，弄得谁也不

> 作者巧妙地运用时间变化，让我们意识到小乔恩还是一个孩子，他还在不断地成长。

> 欧洲历史上发生的几次著名战争。

敢进来，怕打搅到瑞典国王古斯塔夫·阿道夫，或是践踏到一支奥地利人的军队。他酷爱奥地利人，因为喜欢这个单词的发音，但他发现他们很少打胜仗，于是只能在自己的游戏中虚构几次胜利。他最喜欢的将军是尤金王子、查理大公和瓦伦斯坦。蒂利和马克（有一天他听到爸爸管他们叫"杂耍剧场轮班的"，他搞不懂是什么意思）实在让人喜欢不起来，尽管他们也是奥地利人。出于音调上的原因，他也偏爱蒂雷纳。

　　他本该在户外运动，却成天待在室内，这让他父母很是焦急。这种情况从整个五月持续到六月中旬，直到爸爸给他带回了《汤姆·索亚历险记》和《哈克贝利·费恩历险记》。读这两本书的时候，他的内心发生了一些转变，他又出门了，热情昂扬地要找到一条河。罗宾山的庄园里没有河，他只好借助池塘，所幸池塘里还有睡莲、蜻蜓、蚊子、芦苇和三棵小柳树。他的爸爸和加勒特测量了水深，确定池塘底部很稳固，没有超过两英尺深的水域，这才给了他一只可折叠的小艇。他成天坐在上面划着，身体躺下以免被印第安人和其他敌人发现。在池塘边，他还用旧饼干罐子给自己修了一间印第安人棚屋，大约四英尺见方，用树枝搭了个屋顶。在这里面，他会生一小堆火，把在矮林和田野里没有

英美制长度单位，1英尺约合0.3米。

高尔斯华绥

打到的鸟,以及在池塘里没有捕到的鱼——因为池塘里本来就没有鱼——煮在一个锅里。六月剩下的时间,以及爸爸妈妈不在的七月——这个月他们去了爱尔兰,他都是这样度过的。在那五个星期的暑天里,他与武器、棚屋、河水和小艇在"幻想的现实"里过着孤僻的生活。而且,不管他那活跃的小脑袋有多么努力地想把对美的感知抛之脑后,她还是时不时地悄悄靠近他,有时停在一只蜻蜓的翅膀上休憩,有时在睡莲上闪闪发光,有时在他躺下埋伏时,用她的蔚蓝拂过他的眼睛。

琼"姨妈"被留下来管事,她往家里带来了一个大人。这人总是咳嗽,还带来了一大块油灰,准备用它雕成一张脸。所以她很少到池塘来看他。不过有一次,她带来了另外两个大人。小乔恩正在用爸爸的水彩盒给自己身上画出亮蓝色和黄色的条纹,还往头发里插了一些鸭毛,这时他看见他们来了,就埋伏在柳树后。不出他所料,他们径直来到他的棚屋,跪下来往里看。这样,不等他们亲吻他,他在一声令人毛骨悚然的叫喊中,把琼"姨妈"和那个女的"大人"吓得头皮发麻。这两个大人分别叫作霍莉"姨妈"和瓦尔叔叔,后者长着一张黄色的脸,脚有点跛,有时会可怕地向他发笑。他喜欢上了霍莉"姨妈",她好像也是他的姐姐。

> 制作雕塑的一种材料。

> 小乔恩虽然顽皮，但却还是很听话的，很少去打扰他人。

> 无论多么好玩儿的事情，可能都会有感到无聊的一天，小乔恩需要的是爱，来自爸爸妈妈的爱。

> 时间回到了故事的开头。我们带着作者一开始留下的悬念，一点点了解了小乔恩从出生到现在的经历。

但那个下午他们就离开了，他再也没有见到过他们。爸爸妈妈回家的前三天，琼"姨妈"也急匆匆地走了，带走了咳嗽的大人和他那块油灰。对此，法国小姐说："可怜的人，他病得很重。乔恩，我不准你进他的房间。"小乔恩很少会因为别人不让他做什么事而偏要去做，所以忍住了没去看，尽管他感到无聊和孤单。池塘的日子确实一去不复返了，他的灵魂很不安分，渴望着什么东西——不是树，也不是武器——是一种柔软的东西。最后的两天，尽管他读了《冲上海岸》里李妈妈和她那可怕的落难篝火的故事，但也像是度过了好几个月。这两天里，他上下楼梯大概有一百多次，而且经常从他现在起居的育儿室悄悄溜进妈妈的房间，什么东西都看一看，但不去动，然后继续溜进梳妆室，像斯林斯比一样单脚站在浴盆旁，低声念道：

"嗬，嗬，嗬！见了个大头鬼！"语带神秘，好像这样能带来好运。接着，他偷偷摸摸地回来，打开妈妈的衣柜，深深地嗅一下，这样好像能让他离什么更近，但他也不知道那是什么。

紧接着，他就开始站在那缕阳光下，思考该用哪一种方式从楼梯扶手上滑下来。这些方式感觉都很傻，在突如其来的慵懒中，他开始一步一步地走下楼梯。他边走边清楚地想到了爸爸——花白的短胡子，闪着光的深邃眼睛，两眼之间的皱纹，滑稽的笑脸，瘦削但在小乔恩眼里很高大的身材。但是他记不起妈妈。她的形象飘忽不定，能确定的只有回望着他的两只深褐色的眼睛，以及她衣柜里的香味。

贝拉在大厅里，正拉开大窗帘，准备去开前门。小乔恩叫她：

"贝拉！"

"我在，乔恩少爷。"

"他们回来的时候，我们在橡树下吃茶点吧。我知道他们最喜欢这样了。"

"你想说的是你最喜欢这样。"

小乔恩想了想："不，是他们，因为他们最喜欢我开心。"

贝拉笑了："好的，在他们回来之前，只要你安安静静地在这儿待着，不要调皮捣蛋，我就去把茶点摆出来。"

小乔恩坐在楼梯最底下的台阶上，点点头。贝拉靠过来，俯身看他。

"起身！"她说。

小乔恩站了起来。她在背后仔细端详着他，他脸色不错，膝盖看起来也很干净。

"很好！"她说道，"真是的！你都被晒黑了。来亲一个！"

> 为了和爸爸妈妈在橡树下开心地吃茶点，小乔恩变得很听话，充分说明他对爸爸妈妈的想念。

小乔恩的头发被啄了一下。

"是哪种果酱？"他问，"我都等不及了。"

"醋栗和草莓。"

真棒！这些是他最喜欢的！

> 从远到近，树和影子，都烘托了一种孤独的气氛。

她走之后，他又一动不动地坐了一会儿。大厅很安静，往东望去一路都敞亮着，他可以看见他的一棵树，像一艘双桅帆船缓缓航行在一片高草坪上。外面的大厅里，许多柱子斜投下影子。小乔恩站起来，跳过其中一道影子，绕过开满了鸢尾花的灰白色大理石花池。这些花很美，但没多少香味。他站在敞开的大门口向外望去。假如！——假如他们不回来呢！他等得太久了，觉得自己受不了了，他的注意力立刻从这种无可奈何的肯定转移到蓝色光线中的尘埃上。他举起手来，想抓住一些灰尘。贝拉刚才也应该打扫下那片空气！不过也许它们不是灰尘，只是阳光的组成部分，他看向外面的阳光，想知道是否也是如此。然而不是。他说过要在大厅里乖乖待着，但他就是没办法这样待下去了。他穿过车道上的小石子，躺在外边的草地上。他摘下六枝雏菊，仔细地给它们起了名字：兰马洛克爵士、崔斯特瑞姆爵士、兰斯洛特爵士、帕利米德爵士、鲍斯爵士、高文爵士。他和它们一一搏斗，最后只剩兰马洛克爵士还昂着头，这是因为他选中它

高尔斯华绥

时看上的是它特别结实的茎秆，但即使这样，三次交锋过后，它也有点筋疲力尽，步履蹒跚了。一只甲虫在草丛里缓慢前行，这草该割了。每一株草都是一棵小树，甲虫必须得一一绕过这些树干。小乔恩伸出兰马洛克爵士的脚，把这小东西挑起来。它痛苦地逃走了。小乔恩哈哈大笑，失去了兴致，叹了口气。他感到空虚，翻了个身，仰面躺下。开着花的酸橙树有一股蜂蜜的香味，蓝色的天空很美，有几朵白云看上去像柠檬冰激凌，或许尝起来也很像。他能听到鲍勃用他的六角手风琴演奏《沿着苏万尼河》，他听得既享受又悲伤。他又翻了个身，把耳朵贴在地上——印第安人可以伏在地面上听到老远传来的声音——但他什么也没听见，只听见手风琴的声音！可是几乎就在一刹那间，他听到了一种吱吱嘎嘎的声音和一种微弱的嘟嘟声。是的！是一辆车——过来了——过来了！他跳起来。他应该在门廊里等着吗？还是冲上楼，等他们进来时喊道："看！"然后头冲前慢慢滑下楼梯扶手呢？他应该吗？汽车转进了车道。太迟了！他只好等在那里，欢欣雀跃。汽车疾驰而来，呼啸而至，停住了。他的爸爸下车了，真的是他。他弯下腰，小乔恩跳了起来——他们撞在了一起。爸爸说：

"天哪！哈，小家伙，你都晒黑了！"如同

> 🖉 小乔恩想了两种迎接爸妈的方式，表现出他对他们的想念和爱。

27

他一直以来的语气。一种期望的感觉——对于某种东西的渴望——在小乔恩心中涌起，难以平息。然后，他那害羞的目光找到了妈妈，她穿着一件蓝色的连衣裙，帽子和头发上围着一条蓝色的丝巾，面带微笑。他奋力一跳，双腿钩在她背后，抱着她。他听到了她的喘息声，感觉到她也抱住了他。他那双深蓝的眼睛注视着她深褐色的眼睛，直到她的嘴唇贴在他的眉毛上，他用尽全力紧紧地抱着她，听见她咯咯地笑着说：

"你力气真大，乔恩！"

听到这话，他就滑了下来，拉着她的手冲进了大厅。

在橡树下吃果酱时，他注意到妈妈身上一些他以前从未注意到的地方，比如她的脸颊乳白细腻，她暗金色的头发里有银色的丝线，她的喉颈间没有像贝拉那样长着一个结，她吞咽东西的声音很轻。他还注意到，她的眼角上有几条细纹，眼睛下面有块黑晕看起来很好看。她长得非常漂亮，超过达、法国小姐、琼"姨妈"，甚至是他喜欢的霍莉"姨妈"；甚至她能超过贝拉，贝拉的脸颊是粉红色的，但有些地方看起来不太协调。在妈妈身上新发现的美具有特别的意义，他都没吃完他想要吃的东西。

茶点结束后，爸爸要他到花园里玩儿。他和爸

> 与前文对比，小乔恩更加注意妈妈，发现了妈妈的美。

高尔斯华绥

爸讲了很长时间的话，提到的都是些一般的事情，回避了他的私人生活——兰马洛克爵士、奥地利人，以及最近三天来他感觉到的内心空虚，不过现在内心突然被填满了。爸爸告诉乔恩，他和妈妈去的是一个叫作"安特立姆夏古"的地方，那里在非常安静的时刻就会有小人从地下钻出来。小乔恩停下脚步，双腿还叉开着。

  "你真的相信会有小人从地下钻出来吗，爸爸？"
  "不，乔恩，但我想你也许会相信。"
  "为什么？"
  "年龄小的人更有可能看见她们，因为她们是仙女。"

小乔恩抚了抚自己下巴上的小酒窝：
  "我不相信有仙女。我从来没见过。"
  "哈！"爸爸回应道。
  "那妈妈呢？"
爸爸露出了滑稽的笑容。
  "没有。她只见到过潘。"
  "潘是什么？"
  "在野外美丽的地方蹦来跳去的山羊神。"
  "他在安特立姆夏古吗？"
  "妈妈说他在。"
小乔恩抬起脚，继续往前走："你看见他了吗？"

> 即安特立姆峡谷。原文将整个短语缩作一词，以表示乔恩听懂了发音但不知晓其含义，只知道这是一个地名。

> 希腊语，意为海浪中升起的维纳斯。此处应是指一幅维纳斯油画。

"不，我只看到了维纳斯·安娜狄俄墨涅。"

小乔恩开始回想。他在那本讲希腊人和特洛伊人的书里读到过维纳斯。那么安娜就是她的教名，而狄俄墨涅就是她的姓氏吧？

但是一问之下才知道，这是一整个单词，意思是从海浪中升起。

"她是从安特立姆夏古的海浪里升起来的吗？"

"是的，每天都是。"

"她长得怎么样，爸爸？"

"像妈妈一样。"

"哦！那她一定……"但他打住了话头，跑向一堵墙，爬了上去，随即又爬下来。他觉得发现妈妈很美丽的这件事绝不能让别人知道。然而，爸爸的雪茄还要抽很久，最后他不得不开口：

> 把对某个人的爱当成一个小秘密藏在心里，是每个孩子都有过的经历。

"我想去看看妈妈带回来了什么，可以吗，爸爸？"

他把自己的目的说得很简单，免得被人说成缺乏男子气概，但还是有点尴尬，因为爸爸看穿了他的心思，重重地叹了口气，回答道：

"好吧，小家伙，你过去爱她吧。"

一开始他还装模作样不急不忙地走，后来就匆匆急奔，好弥补耽搁的时间。他从自己的卧室走入

高尔斯华绥

她的卧室，因为两个卧室中间的门正好开着。妈妈正跪在一个箱子前，他站在她身边，一动也不动。

她直着身子，说：

"怎么了，乔恩？"

"我想过来看看。"

他们又互相拥抱了一次，然后他爬上靠窗的座位，把腿盘在身下，看着她取出行李。他从这种还看不懂的事情中，能获得一种乐趣，一方面是因为她拿出来的东西都令人迷糊，一方面是因为他喜欢看着她。她的行为举止和别人不一样，尤其是和贝拉相比。她无疑是他所见过的最优雅的人。她总算理好箱子，在他面前跪坐了下来。

"乔恩，你想我们了吗？"

<u>小乔恩点点头，即使承认了自己的感觉之后，还在继续点头。</u>

"但琼'姨妈'陪着你呢。"

"哦！她和一个咳嗽的男人在一起。"

妈妈的脸色变了，像是快要发脾气。他急忙补充道：

"他是个可怜的人，妈妈。他咳得很厉害。我——我喜欢他。"

妈妈用两只手环绕过他的腰。

"乔恩，你喜欢所有人吗？"

> ✏️ 不停点头的行为，更加突显出小乔恩想让妈妈知道自己很想她的心情。

小乔恩想了想。

"也有限度的，"他说，"有一个星期天，琼'姨妈'带我去教堂。"

"去教堂？噢！"

"她想看看我会不会受到感染。"

"所以有吗？"

"是的。我感觉浑身不对劲儿，所以她很快又把我带回了家。结果我并没有生病。我上床躺下，喝了热水，读了《白桦林的孩子们》。真是享受。"

妈妈咬着嘴唇。

"那是什么时候？"

"哦！大概——很久以前，我想让她再带我去，但她不愿意。你和爸爸从来不去教堂，是吗？"

"对，我们不去。"

"为什么不去呢？"

妈妈笑了。

"其实呢，亲爱的，我们两个小时候都去过。也许那时候还是太小了。"

"我明白了，"小乔恩说，"这是件危险的事。"

"这类事情，等你长大了，你要自己去做出

> ✏ 小乔恩的妈妈非常开明，懂得让孩子自己判断事情，而不是把自己的想法强加给孩子。

判断。"

小乔恩说出早就想好的答语：

"<u>我不想长大，不想长太大。我不想去上学。</u>"一种突如其来的强烈欲望促使他想再说些什么，说出他真正的感受，他的脸为此涨得通红，"<u>我——我想和你在一起，做你的爱人，妈妈。</u>"

他本能地想缓和这种尴尬的气氛，赶紧补充道："今天晚上我也不想去睡觉。我厌倦了每天晚上都要睡觉。"

"你又开始做噩梦了吗？"

"只做了一个。妈妈，今天晚上我可以把通往你房间的门开着吗？"

"可以，只开一点。"

小乔恩满意地吁了口气。

"你在安特立姆夏古看到了什么？"

"只有美，亲爱的。"

"美到底是什么？"

"到底是什么——啊！乔恩，这真是个难题。"

"比如说，我能看看它吗？"

妈妈站起来，坐到他旁边。

"你能看见，每天都能看见。天空很美，星星、月光照亮的夜晚，还有鸟儿、花朵、树木——

✏️ 孩子的单纯在这里体现得淋漓尽致。对于小乔恩来说，爱人意味着能够一直在一起的人，他想一直和妈妈在一起。

✏️ 美不在远方，美就在每个人的身边。妈妈引导小乔恩去观察身边的一切，去发现美。

<u>它们都很美。看看窗外，乔恩——那里就有你寻找的美。</u>

"哦！对，那里有风景。就这些吗？"

"就这些？不。大海美极了，还有海浪，带着浪花去而复返。"

<u>"你每天都从海浪里升起吗，妈妈？"</u>

妈妈笑了，说："嗯，我们确实会洗海水浴。"

小乔恩突然伸出手，用手搂住她的脖子。

"我就知道，"他语气里有一种神秘，"你就是……真的，其他的都是假装的。"

她叹了口气，又笑了，说："哦！乔恩！"

小乔恩挑剔地说：

"比如，你觉得贝拉漂亮吗？我几乎不觉得。"

"贝拉很年轻。这能算是一点。"

"但是你看起来更年轻，妈妈。如果你去撞贝拉，疼的会是她。"

"仔细想想，我觉得达算不上漂亮。而法国小姐都能算得上丑了。"

"法国的那位小姐长了一张很漂亮的脸蛋。"

"哦！是的，很漂亮。我喜欢你的小光线，妈妈。"

"光线？"

> ✏ 表现了小乔恩的脑袋充满奇思妙想，同时也说明了他对妈妈的崇拜。

高尔斯华绥

小乔恩把手指点在她的外眼角上。

"哦！这些皱纹吗？但这些是上了年纪的标志。"

"你笑起来它们就有了。"

"但以前不会有。"

"哦！嗯，我喜欢它们。你爱我吗，妈妈？"

"我爱——我很爱你，宝贝。"

"一直如此？"

"一直如此！"

"比我想象中你爱我的还要多？"

"还要多得多。"

"嗯，我也是。这样我们就平起平坐了。"

他意识到自己一生中从未像现在这样吐露真心，突然与兰马洛克爵士、迪克·尼达姆、哈克·费恩和其他英雄人物产生了男子气概的共鸣。

"想看我的表演吗？"他说着，从她的怀抱里滑出来，倒立了起来。在她那毫不掩饰的赞赏和鼓舞下，他爬上床，做了个鲤鱼打挺，双手没有触碰任何东西。他重复表演了好几次。

那天晚上，他欣赏了他们带回来的东西后，就和他们一直待在一起，直到吃晚饭。他坐在爸爸妈妈独处时用的小圆桌边，坐在两人之间的位置上。他极度兴奋。妈妈穿着一件浅灰色的衣服，领子上

> 家人之间是需要互相表达爱意的，这样才能让彼此的心靠得更近。想想看，你有多久没向爸爸妈妈说你爱他们了呢。

有一圈用锯齿形的小玫瑰编成的奶油色花边，颜色比脖子还浅。他一直在看她，直到爸爸滑稽的笑容让他突然注意到自己面前还有片菠萝。他从来没有这么晚才上床睡觉。妈妈和他一起上楼，他故意将衣服脱得很慢，这样可以让她多留一会儿。直到最后，他只穿着一件睡衣的时候，他说：

"答应我，我祷告的时候你不要走！"

"我答应你。"

小乔恩在床边跪下来，把脸埋在床里，小声地念着祷告词。他不时睁开一只眼睛，看到她一动不动地站在那里，脸上挂着微笑。"主啊，"他最后的祷告是这样的，"愿人们都尊你的母为圣，愿你的国妈咪……行在地上，如同行在天上。我们日用的妈咪，今日赐给我们。赦免我们在地上的过错，如同在天上和别人的过错，因为凶恶、权柄、荣耀全是你的，直到永远。阿姆！注意！"他蹦了起来，在她怀里待了很长时间。到了床上，他继续抓着她的手。

"那扇门就这样，不要关上了，好吗？你要多待一会儿吗，妈妈？"

"我得下楼去给爸爸弹琴了。"

"哦！好吧，我可以听你弹。"

"我希望最好不要。你该睡觉了。"

> ✏️ 原文出自《圣经》，这里小乔恩把它念得面目全非，说明小乔恩满脑子想的都是妈妈。

高尔斯华绥

"睡觉我哪天晚上都可以。"

"那么,今晚和哪天晚上都没什么不一样。"

"哦!不对——它超级特别。"

"在超级特别的夜晚,人睡得最香。"

"但是如果我睡着了,妈妈,我就听不到你上来了。"

"那么,我上来的时候,会进来亲你一下,如果你还醒着,你就会知道,如果你睡着了,你还是会知道我亲了你。"

小乔恩叹了口气。"好吧!"他说,"我想我只能这样接受了。妈妈。"

"嗯?"

"爸爸相信有的那个人,她叫什么名字?维纳斯·安娜·狄俄墨得斯?"

"哦,我的天使!安娜狄俄墨涅。"

"对!但我更喜欢我给你取的名字。"

"你取了什么,乔恩?"

小乔恩害羞地回答道:

"格温娜维尔!它出自圆桌骑士的故事——不过我刚刚才想起来,她的头发是垂下来的。"

妈妈的目光越过了他,似乎在空中飘忽不定。

"你不会忘记来吧,妈妈?"

"只要你去睡觉就不会。"

✏️ 写出了小乔恩对妈妈的依赖,不想因为睡着了而感知不到妈妈。

"那，就说定了。"小乔恩眯上眼睛。

他感到额头被她的嘴唇碰了一下，听着她的脚步声，睁开眼睛看着她出去，然后，他叹了口气，又把眼睛眯上了。

现在，计时开始了。

有大约十分钟的时间，他真心实意地想要睡着，不知数了多少根蓟草，这是达用来入睡的古老秘方。他似乎已经数了好几个小时。那现在，他想着，准是她上楼的时候了。他掀开被子。"我好热！"他说。黑暗中自己的声音听起来很古怪，像是别人的声音。她为什么还没来？他坐了起来。他必须看看！他下了床，走到窗前，把窗帘拉开一点。天色还不算暗，但他分不清光照来自暮光还是大大的月亮。月亮长着一张滑稽而调皮的脸，好像在嘲笑他，他不想与它对视。接着，他想起妈妈曾说过月光下的夜晚很美，就继续像在白天里一样遥望窗外。树木投下深沉的暗影，草坪像是打翻了的牛奶，很远很远的地方他都能看清。哦，真远啊！都能看到世界的另一边，一切都看起来很新奇，很朦胧。从开着的窗户飘来一阵好闻的香味。

"但愿我像挪亚一样有一只鸽子！"他想。

"月亮月亮圆又亮，发出光来照四方。"

这两句诗突然出现在他的脑袋里，随后他仿

> 🖊 这是因为夏天昼长夜短，天黑得晚。

高尔斯华绥

佛听到了音乐,非常柔和、美好的音乐!是妈妈在演奏!他想起了他放在五斗橱里的一块蛋白杏仁饼,便去拿了出来,又回到窗前。他探出身子,一会儿大口咀嚼,一会儿托腮仔细听音乐。达以前常说,天使会在天堂里弹竖琴,但那远比不上妈妈在月夜里弹着琴,而他同时在吃蛋白杏仁饼这么迷人。一只金龟子嗡嗡飞过,一只飞蛾扑到他脸上,音乐停下了,小乔恩缩回了头。她肯定要来了!他不想被发现自己还醒着。他回到床上,拉着被子蒙住了头,但他留了缝隙,好让一道月光照进来。月光照在地板上,靠近他的床脚,他看着它慢慢地向他移过来,好像有生命一样。音乐又响了起来,但他现在只能听着。音乐让人昏昏欲睡,相当……让人……昏昏欲睡……

  时间流逝,音乐起承转合,最终静默。月光朝他的脸慢慢爬去。小乔恩在睡梦中翻了个身,平躺着,一只晒黑的小手仍然紧攥着被子。他的眼角抽动了一下——他开始做梦了。他梦见月亮变成一只锅,自己喝着月亮锅里的牛奶,对面坐着一只大黑猫,像爸爸一样滑稽地看着他笑。他听见它低声说道:"别喝太多!"当然了,这牛奶是猫的,于是他友好地伸出手去抚摸这个小家伙,但是它已经不在了。月亮锅变成一张床,他躺在上面,想下床时

> 这一幕活灵活现,肯定有很多小朋友都曾这样做过。

> 梦境让整个故事充满了趣味。一段梦境的描写，为下文做了很好的铺垫。

却找不到床边。他找不到……他……他……下不了床了！太可怕了！

他在睡梦中啜泣。床也开始打转了。床在他的外边，也在他的身体里，一圈又一圈地转着，变得越来越激烈，《冲上海岸》里的李妈妈在搅动着它！噢！她看起来是那么可怕！越来越快！最后他和床、李妈妈，还有月亮、猫都在同一个轮盘上，不停地旋转再旋转，上升再上升——可怕——可怕——可怕！

他尖声喊叫。

一声"亲爱的，亲爱的！"穿透了轮盘。他醒过来时，正站在床上，眼睛大睁。

妈妈在那儿，她的头发和格温娜维尔的一样。他紧紧抱住她，脸埋进她的头发里。

"噢！噢！"

"没事了，小宝贝。你现在醒过来了。好啦！好啦！没事的！"

但是小乔恩还在不停地说："噢！噢！"

她的声音柔和地吹拂在他耳边，继续说道：

"是月光，亲爱的，照到你脸上了。"

小乔恩埋在她的睡衣里嘟囔着：

"你说过它很美的。噢！"

"但不能在里面睡觉，乔恩。谁放它进来的

呢？你拉开窗帘了吗？"

"我想看看时间。我……我往外看，我……我听见了你的琴声，妈妈。我……我吃了我的杏仁饼。"他的心情慢慢地平和了，为自己的胆小找个借口的天性又在他心里复苏了。

"李妈妈在我肚子里到处乱窜，搞得我狂躁不安。"他咕哝道。

"嗯，乔恩，如果你在上床后还吃蛋白杏仁饼，你觉得会发生什么吗？"

"也就一个，妈妈。它让音乐变得更加美妙了。我一直在等你——我差点以为已经到第二天了。"

🖊 对妈妈的依赖，让小乔恩觉得时间漫长。

"我的小宝贝，现在才十一点。"

小乔恩没说话，用鼻子蹭着她的脖子。

"妈妈，爸爸在你的房间里吗？"

"今晚没有。"

"我能来吗？"

"只要你愿意，我的宝贝。"

小乔恩已经清醒了一半，这时他往后退开。

"你看起来有点不一样，妈妈，你变得非常年轻了。"

"是因为我的头发，亲爱的。"

小乔恩抓住一把头发——浓密的，暗金色的，中间夹杂着几根银丝。

"我喜欢它。"他说,"我最喜欢这样的你。"

他牵着她的手,领着她往门口走去。走过门后他便关上了门,松了一口气。

"妈妈,你喜欢睡床的哪一边?"

"左边。"

"好。"

✏️ 小乔恩的小心思。

小乔恩随即爬上了床,不给她改变主意的机会。这张床似乎比他自己的柔软多了。他又叹了口气,把头埋进枕头里,躺着观看战车、刀剑和长矛在外层毯子上进行的战斗,那是立着的绒毛被光照出的影子。

"其实,没发生什么,是吗?"他说。

妈妈在镜子前回答说:

"只有月亮和你那受刺激的想象力。你不能这么激动,乔恩。"

但是,小乔恩的心神还没有完全安定,于是他开始自吹自擂:

"我当然不是在害怕,真的!"他继续躺在那里,看着那些长矛和战车。时间似乎过得很慢。

"噢!妈妈,快点儿!"

"亲爱的,我得先把头发编成辫儿。"

高尔斯华绥

"噢！今晚就不要编了吧。你明天又要再把它解开。我现在想睡了。你要是再不来，我一会儿就睡不着了。"

妈妈站在三折镜前，显得白皙又美丽。他可以看到三个妈妈，她的脖子转了过来，头发在灯光下发亮，她的深褐色眼睛在微笑。不用再说什么，但他还是说道：

"快过来吧，妈妈。我等着你。"

"好的，亲爱的，我来了。"

小乔恩闭上眼睛。一切事情都称心如意，只是她必须抓紧时间！他感到床晃了一下，她上来了。他仍然闭着眼睛，带着困意说道："很舒服，不是吗？"

他听见妈妈说了些什么，感觉到她的嘴唇碰了一下自己的鼻子。他偎依在她身旁，而她清醒地躺着，用心里的念头爱着他。他睡着了，安枕无梦，为他过去的岁月画上了圆满的句号。

✏️ 小乔恩在妈妈的爱里成长起来，过去的一切冒险游戏都显得有些野蛮，过了今晚，就是新的生活。

> **阅读小助手**
>
> 　　这个作品是使作者获得诺贝尔文学奖的"福尔赛世家"系列中的一个故事。它讲述了小男孩乔恩·福尔赛寻找自我的成长历程。
>
> 　　小乔恩生长在一个衣食无忧的富贵家庭里,一直过着自由自在、无忧无虑的生活。爸爸妈妈陪伴着他,教他画画和弹钢琴,还有琼"姨妈"也爱他。
>
> 　　这个七八岁的小男孩对世界充满着好奇和困惑,他试图用自己丰富的想象力来理解这个世界,但总是遇到挫折。在经历种种挫折之后,他逐渐觉醒,开始慢慢理解这个世界,并认识自己……
>
> 　　小孩子总是有着天马行空的想法,他们乐于冒险,又容易受伤。但是随着经历的增加,他们会渐渐变得强大起来。

○ 作家档案

中 文 名：**黑塞**

外 文 名：Hermann Hesse

国　　籍：德国

出生日期：1877年7月2日

逝世日期：1962年8月9日

认识作者

　　黑塞，作家、诗人，生于德国西南部的小城卡尔夫的一个牧师家庭。曾在神学院学习，后逃离学院。当过工厂学徒工、书店店员。1912年起侨居瑞士，1923年入瑞士籍。他二十一岁自费出版了自己的第一部诗集，反响平平，直到二十六岁发表长篇小说《彼得·卡门青》，一举成名，从此走上职业作家的道路。

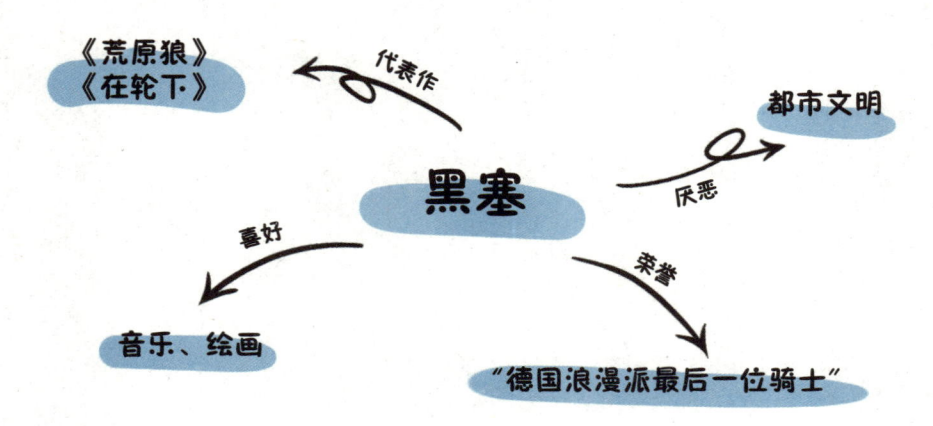

- 代表作 → 《荒原狼》《在轮下》
- 厌恶 → 都市文明
- 喜好 → 音乐、绘画
- 荣誉 → "德国浪漫派最后一位骑士"

1946 年诺贝尔文学奖

获奖理由：

他那些灵思盎然的作品，一方面具有高度的创意和深刻的洞见，一方面象征古典的人道理想与高尚的风格。

创作风格

黑塞的作品以内省与自我探索为核心，通过精细的叙事和诗意的描写，对人类心灵深处的思考和情感进行深入剖析。黑塞早期的创作以浪漫主义诗歌、田园诗风格的抒情小说和流浪汉小说为主，作品洋溢着对童年和乡土的思念之情，充满对大自然和人类的爱。黑塞以其独特的美学观和对内心世界的深入挖掘而闻名，在当代文学中有着广泛的影响。

作文素材

哪怕最不幸的人生也会有阳光明媚的时光，也会在沙砾石缝中长出小小的幸福之花。《荒原狼》

爱无须祈求，爱也无须索取。爱是内心坚定的力量。有了这种力量，人就无须去吸引爱，爱会前来。《德米安》

我们所读的书不会流失，会成为我们的所有，会留在我们身上，会做只有朋友能做的事，使我们欣喜，使我们得到安慰。《读书与藏书》

这是我的痛苦

刘彦妤/译

> 这是一首自我反省的诗歌。只有活出自己的本真，遵从内心的想法，才能收获灵魂的安定。

这是我的痛苦，
因为我戴着太多彩色面具，
自如演戏，
学会愚人愚己，
心中再无丝毫悲喜。
没有一首歌的扬抑不经过精心设计，
每一步都是演戏，都是刻意。

我不得不把这称作我的痛苦：
我看穿了我的心，
预先觉察每一次脉搏跳动，
再没有梦中无意识的警告，
再没有预知的苦乐，
能将我的灵魂搅动。

黑 塞

梦

刘彦妤/译

每次总做同一个梦：
一棵开着红花的栗子树，
一座夏日繁花似锦的花园，
一栋房子，孤单单地立在前面。

在那儿，就在静默的花园里，
我的母亲轻晃着我的摇篮；
也许——那只是很久以前——
花园，房子和树已消失不见。

也许现在那儿只有一条草坪小路，
犁和耙在上面来来回回，
故乡，花园，房子和树都没了，
剩下的只有我的梦。

✏ 诗人以梦为切入点，表达了对故乡、童年时光的怀念。

○ 作家档案

中 文 名：**吉卜林**

外 文 名：Joseph Rudyard Kipling

国　　籍：英国

出生日期：1865年12月30日

逝世日期：1936年1月18日

认识作者

　　吉卜林，小说家、诗人。他生于印度孟买，七岁回到英国，大学毕业后从事报刊编辑工作，并逐渐走上文学创作之路。他是第一位获得诺贝尔文学奖的英国作家，也是最年轻的诺贝尔文学奖获得者。1936年，他在伦敦去世，英国政府为他举行了国葬。

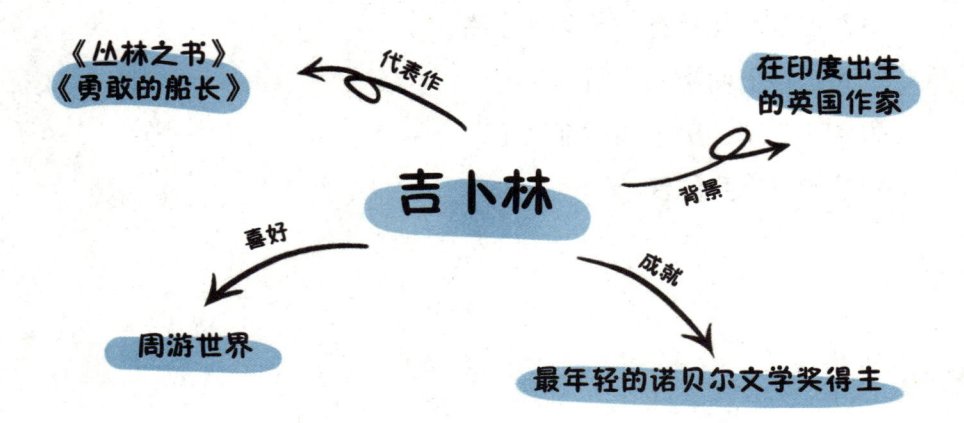

《丛林之书》
《勇敢的船长》　←代表作　　　　　　在印度出生的英国作家
　　　　　　　　　吉卜林　　背景↗
　　　　　喜好↙　　　　↘成就
　　　周游世界　　　　最年轻的诺贝尔文学奖得主

1907 年诺贝尔文学奖

获奖理由：
　　这位世界名作家的作品以观察入微、想象独特、气势雄浑和叙述卓越见长。

创作风格

　　吉卜林擅长通过引人入胜的情节和生动的描述吸引读者，作品中经常以深入的观察和细致入微的描绘展示异域文化的各个方面，特别是印度和其他英属殖民地。同时，他也是一位杰出的诗人，他的小说中经常穿插诗歌，其风格简洁明快，节奏鲜明，具有强烈的音乐性和韵律感。吉卜林常常探讨道德和人性的问题，关注荣誉、忠诚、勇敢等价值观，并通过故事情节和角色的发展传递道德思考和人生智慧。

作文素材

　　他相信所有的事物是一个大奇迹，如果一个人对此有足够的领悟，他就会懂得一些事物运行的道理。他坚信，在这个世界上，没有什么大，也没有什么小。《修行僧普伦的奇迹》

　　太阳底下无新事。将要发生的无非是过往岁月的重现，只不过忘记了，要往后追索一下。《红狗》

勇敢的船长

李伊铭/译

第一章

> 开篇交代地点和环境。

大邮轮在海上起起伏伏，颠簸前行；汽笛高鸣，警告过路的渔船不要靠近。船上，北大西洋的海雾从吸烟室的通风门里钻了进来。

"船上这些人里，就数切恩那小子最不让人省心。"一个身着条纹大衣的男人说着，砰的一声关上了门，"这儿不需要他，这小子太嫩了。"

头发花白的德国人伸手拿起一块三明治，边嚼边咕哝道："我知道你什么意思，这种人美国满大街都是。我跟你说，你就得好好治治他。"

"哼！没啥大用。其实他也挺可怜的。"从纽约来的男人说道，此时，他正舒舒服服地躺在垫子上，头顶是一扇雾气蒙蒙的天窗，"他从小就居无定所，四处住旅馆。今天早上我还跟他妈妈聊天呢，那位女士倒是很可爱，也不会装模作样地管孩子。听她说，那小子要去欧洲完成学业。"

"学业还没开始呢，"蜷缩在角落里的费城

人说道，"那小子就已经每个月有两百美元零花钱了，听他说他还没满十六呢！"

"听说他老爸是做铁路生意的？"德国人问道。

"是呀，还有矿业、木材、航运什么的。那小子的老爸在圣地亚哥和洛杉矶都盖了别墅，有六条铁路都归他，太平洋沿岸半数的木材也归他，钱嘛，他老婆想怎么花就怎么花。"费城人懒洋洋地说道，"她觉得在西部待不惯，就整天带着孩子四处逛，绞尽脑汁，想方设法哄孩子高兴。佛罗里达、阿迪朗达克、莱克伍德、温泉城、纽约，这些地方他们都转遍了，玩儿完一圈就再来一遍。那小子对旅馆非常熟悉，就凭这个，他当个酒店服务生都绰绰有余了。我估计，等他从欧洲学成归来，准比现在还要夸张。"

"他老爸也不管管他？"穿条纹大衣的人问道。

"老头子正忙着赚大钱呢。我猜，他是不想为这事儿分神吧。不过，过不了几年他就会后悔的。可惜啊！其实要是仔细观察，就会发现那小子身上还是有不少优点的。"

"就是欠收拾啊！"德国人情绪激动地喊道。

这时，门砰的一声打开了，一个男孩从高高的

> 吉卜林

✏️ 通过简单的对话，把一个还未出场的孩子刻画得生动形象。

📖 形容很宽裕，用不完。

过道俯身进来，这男孩看起来约莫有十五岁，身材瘦削，嘴里还叼着抽了一半的烟。他面色蜡黄，毫无血色，不像是这个年纪该有的样子，看上去优柔寡断，却还透露着一种想要逞能的小聪明。他身着一件樱桃色外套、一条灯笼裤，脚上穿着一双红色长筒袜配自行车运动鞋，头上还戴着顶红色法兰绒小帽。男孩一边吹着口哨一边注视着众人，然后高声道："外面的海雾太浓了，那些渔船一直围着我们打转，在这儿都能听到它们吱吱啦啦的碰撞声。你们说，要是咱们能撞翻一条，那该多有意思！"

> 人物描写，嘴里叼着烟，刻画出一个坏孩子的形象。

"把门关上，哈维。"纽约人说道，"你出去，顺便把门带上，这儿不欢迎你。"

"谁有资格管我？"男孩从容不迫地回道，"马丁先生，难道是你帮我买的船票吗？我觉得我跟你们一样有资格待在这儿。"

> 哈维讲话非常傲慢，且总是出言不逊，因此不受大家欢迎。

说着，他从棋盘上捡起几个骰子，两只手拿着扔来扔去，来回把玩。

"老兄们，真是没劲透了。咱们打会儿扑克怎么样？"

无人回应。男孩吸了口烟，抖动着双腿，用脏兮兮的手指敲了敲桌子，然后拿出一卷钞票，似乎打算数一数。

"你妈妈今天下午怎么样？"有人问道，"我中午吃饭的时候没瞧见她。"

"应该是待在她的上等舱房里吧。她一到海上就晕船，我打算花十五美元，找个女服务生去照顾她。我本来是打算陪她的，可我实在是待不下去了。每次经过配膳室我都感觉特新奇，哎，这毕竟是我第一次出海嘛！"

🖉 哈维不敢承认自己晕船。

"哎呀，别找借口了，哈维。"

"谁找借口了？先生们，这真是我第一次出海！除了头一天，我一点儿都不难受。真的一点儿都不！"他得意扬扬地朝桌子砸了一拳，舔了舔手指，开始数起钞票来。

"哟！你可真是台高等机器，计算水平超群啊。"费城人打着哈欠说道，"没准儿你还能为国争光呢！"

"是啊，我是美国人，从前是，以后是，永远都是。等到了欧洲，我也会让他们见识见识我的厉害。哎哟！我的烟抽完了，我可抽不惯船上卖的那种便宜货。各位，劳驾，请问哪位有正宗的土耳其雪茄能借我根抽抽？"

这时，轮机长也进来转了转，他双颊红润，面带微笑，身上湿漉漉的。"嘿，麦克！"哈维兴奋地招呼道，"咱们撞翻条渔船怎么样？"

"你还是老样子啊。"轮机长严肃地说道，

55

> 形容文雅有礼貌的样子。

"年轻人对长辈彬彬有礼，长辈才会对其另眼相看。"

听到此，角落里传来一阵窃笑。德国人打开雪茄盒，递给哈维一支干瘪的黑色雪茄。

"小伙计，要抽就得抽正宗的。"他说道，"试试吧，包你满意。"

哈维装出一副潇洒的模样，点起这根看上去不怎么样的雪茄，他觉得自己已经在成年人的世界里如鱼得水了。

"小意思，区区这个就想让我服输，可没那么容易。"哈维说道，却不知自己点燃的是烈性极大的便宜货——"飞轮牌"长雪茄。

> 擦亮眼睛等待着，形容殷切期望或密切关注事态的动向及结果。

"那就拭目以待喽。"德国人说道，"麦克·唐纳先生，咱们现在到哪儿了？"

"还在这附近，谢弗先生，"轮机长回答，"今晚能到大浅滩，但说实在的，咱们的船一直困在渔船队伍里。从中午到现在，已经与三艘渔船发生了剐蹭，还差点儿把一条法国船的帆桁(héng)撞断，不能不说是险象环生啊。"

> 帆船上用以支撑帆的木杆。

> 危险的局面不断产生。

"这雪茄不错吧？"德国人见哈维的眼睛里噙满了泪水，便故意调侃道。

"不错，味儿够冲的。"哈维强忍着咬牙回道，"船速好像慢下来了，是不？我得去瞅一眼测程仪，看看究竟是怎么回事儿。"

"我要是你，我就去瞧瞧。"德国人说道。

哈维踉跄着走过潮湿的甲板，扶着最近处的栏杆停住。他感觉自己很不舒服，但又看见甲板上的乘务员把椅子捆绑在一起，想到自己曾在这人面前吹嘘过自己从不晕船，自尊心便促使他朝船尾的二等舱甲板走去。那地方的轮廓像个乌龟壳子一样，甲板上空无一人。哈维佝偻着身体，缓缓走到甲板尽头的旗杆处。他感觉浑身酸软无力，只得痛苦地弯下腰。此时此刻，烈性的"飞轮牌"长雪茄、翻滚的巨浪和轰鸣的螺旋声混杂在一起，几乎要把他的灵魂抽干。他头脑发胀，眼前直冒金星，身体感觉轻飘飘的，脚跟也站不住似的在风中摆动。经受不住这晕船的痛苦，他一下子便昏了过去，船上的一阵颠簸又把他从栏杆旁甩到那甲板的光滑边缘处。接着，低矮的灰色巨浪从浓雾中涌出，像是伸出手臂般一下子就把哈维卷入海中。那海浪包裹着他，哈维昏迷着。

一阵开饭的号子把他吵醒了。蒙眬间，他仿佛又回到了阿迪朗达克的夏校。渐渐地，他回忆起自己的名字是哈维·切恩，曾失足掉入大海，溺死在汪洋大海之中。但此刻，他的身体还是过于虚弱，没法将所有的记忆碎片拼凑完整。一股异样的味道

> 哈维想像大人一样生活，不想在大人面前显出自己的弱小，但毕竟他只是一个十五岁的孩子。

> 没有先交代哈维被巨浪卷走之后发生了什么，直接开始描写新的场景，设置悬念，引起读者的好奇心。

直钻他的鼻孔，潮湿黏腻的冷汗顺着脊背向下，喝了一肚子又苦又咸的海水却无计可施。睁开眼睛的时候，他发现自己还在海上，四周包裹的海水仿佛起起伏伏的银色山丘，而身下是一堆半死不活的鱼，在眼前还出现了一个身材壮硕、身着运动装的蓝色背影。

"不妙。"哈维心想，"我已经死了，现在估计得听这个人吩咐了。"

他呻吟了一声，眼前的人转过头来，只见一对小巧的金色耳环在黑色的卷发中若隐若现。

"哦，醒啦！感觉好点儿了吗？"他问道，"躺着别动，我把船调稳点。"

他猛地一摆，将摇曳的船只驶向一片平静的海面。小船被抬高了二十英尺，随即又滑入一片平静澄澈的低处海面。来回的颠簸并没有让穿蓝衣服的人关上话匣："我说，幸好我救了你。哦，对了，更妙的是，你们的船也没撞到我。你是怎么从船上掉下来的？"

> 表明刚才小船停留的地方海浪很大。

"我晕船了。"哈维回道，"特别难受，难受得想吐。"

"当时你们的船有点儿偏航，我正在吹号角，就看见你从船上掉了下来。啊，怎么着来着？我估计你准得被螺旋桨打成肉泥，结果你却渐渐朝我这

> 交代了哈维出现在这艘船上的原因，将故事转移到新的环境中。

吉卜林

边漂了过来。后来呢，我就把你这条'大鱼'钓上岸喽，看来你真是命大啊！"

"这是哪儿啊？"哈维问道，他觉得现在躺的地方也不大稳妥。

"这是我的小船，我叫曼纽尔，在格洛斯特一艘名叫'海上号'的船上干活儿。哦，我就住在格洛斯特。一会儿就开饭，怎么样？"

曼纽尔似乎长了两双手和一个铁脑袋，因为吹螺号这件小事儿对他来说太过轻松。他摇摇晃晃地站起来，身体也随着船的颠簸来回晃动，奋力吹响螺号。尖锐的号声穿破浓厚的海雾，传到很远的地方。哈维已经记不清号声过了多久才停歇，只是胆战心惊地躺在船上，看着翻腾的雾气与惊涛骇浪，大气也不敢出。他仿佛听到了一声枪声、一声号角声和稀稀拉拉的喧闹声。一个比曼纽尔的小船体积更大，却同样灵巧的船正在靠近。哈维听到几个人叽叽喳喳地议论着些什么，接着就掉进一个大黑洞里，洞里身着防水服的船员给他喝了一杯热饮，又帮他脱下衣服。很快，哈维就迷迷糊糊睡了过去。

伴随着汽船上第一遍早餐铃，哈维从睡梦中醒来，心里纳闷儿自己的头等舱怎么变得如此狭窄。转过身来，他看着眼前这个狭窄的三角形小窝，巨大方梁上悬挂的一盏小灯照亮了整个房间。在自己

✏️ 哈维似乎还没有明白遭遇了什么，仍然以为自己还在邮轮的头等舱里。

触手可及之处有张三角形小桌，占据了从船头到前桅的整个空隙。对面的普利茅斯火炉后，坐着一个和自己差不多大的男孩，那男孩扁平的脸颊红扑扑的，上面还嵌着一双光彩熠熠的灰色眼睛。男孩身着一件蓝色运动衫，脚踩一双高筒胶靴。地板上放着几双一模一样的鞋子、一顶旧帽和几双破袜，床头还有几件黑黄相间的防水服在来回晃动。这个狭窄的地方仿佛一大团棉花般充斥着各种气味。防水服本身就气味刺鼻，此刻又夹杂着煎鱼、焦油、油漆、胡椒和发霉烟草的气息，同时，这一阵阵大杂烩的气味又被船本身的气味和海里的腥味包围。看到床上没铺床单，哈维感觉阵阵恶心。他正躺在一块脏兮兮的垫子上，这垫子坑坑洼洼，全是隆起的疙瘩。此外，这船也不是他常坐的那种轮船，既不算平稳航行，也不是在海上颠簸，更像是一匹被拴住的小马驹般任性地扭动着身子。阵阵涛声在耳畔响起，横梁发出吱吱呀呀的响声，周围的一切都让他感到绝望，哈维开始想妈妈了。

"好点儿了吗？"男孩笑嘻嘻地问道，"要不要来点儿咖啡？"说着，他用锡制的杯子端过来满满一杯咖啡，又往里面加了些蜜和糖。

"没牛奶吗？"哈维问道，他看着黑漆漆的双层床铺，似乎想看看有没有牛奶藏在里面。

✏️ 作者充分运用了嗅觉和视觉来表现船舱中的环境，形象地说明其恶劣。

✏️ 简单的一句话，产生了强烈的矛盾感，表明哈维不属于这里。

吉卜林

"没有。"男孩说道，"估计到九月中旬才有。这咖啡真不赖，是我煮的。"

哈维默默喝着咖啡，男孩又递过来一碟很香的煎猪肉，哈维立刻狼吞虎咽地吃起来。

"我已经把你的衣服晾干了，不过估计会有点儿缩水。"男孩说道，"你的衣服跟我们的不太一样。你稍微活动活动，看看有没有伤着。"

哈维四下里活动活动，并没觉得伤着什么。

"太好了！"男孩心里很高兴，"你收拾收拾跟我上甲板去吧，我爸想见见你。对了，我叫丹，在船上给厨子打下手，船上那些脏活儿累活儿也是我来做。自从奥托落水后，船上就只有我一个人做这些事情了。奥托是个荷兰人，他落水时差不多才二十岁。不过说起来，当时风浪也不大，你怎么会掉到海里呢？"

"才不是呢！"哈维生气了，"当时狂风大作，我晕船严重。我应该是被海浪卷着翻过了栏杆。"

"昨天白天和晚上确实有点儿海浪。"男孩道，"如果你以为这就算狂风大作的话，"他吹了下口哨，"这一趟下来包你大开眼界！快走吧，我爸爸还等着呢！"

和许多没礼貌的年轻人一样，哈维这辈子都没

✏️ 这篇小说使用第三人称叙述，所有人物的信息几乎都是来自对话，这可以使读者体会到强烈的戏剧感。

✏️ 对男孩来说，使哈维落水的海浪并不大，因为他的生活和工作都在船上，早已见惯了各种大风大浪。

被人这样使唤过，从来没有；母亲有时会含泪解释让他听话的原因和好处，他勉强能听上一听。切恩夫人生怕伤了儿子的心，为着这个，她自己都快神经衰弱了。哈维不明白自己为什么要上赶着去给别人行方便，于是便说："你爸要是急着想见我，可以到这儿来，我想让他立刻送我去纽约。钱嘛，我会付他的。"

听了这话，丹惊得目瞪口呆，好一会儿才明白了其中的意思。"哎，爸爸！"他朝舱门口喊道，"他说你要是着急的话可以过来说话，爸爸，你听见没？"

"别犯傻，丹，带他来见我。"回答声之浑厚是哈维平生仅见。

丹咯咯地笑起来，把哈维那双变形的自行车鞋扔给他。听着甲板上那人的语气，哈维强忍怒火，打算在返程途中让他们知道自己的身份。他想，这次死里逃生的经历，能让自己在朋友面前吹一辈子牛了。攀上一架垂直的梯子，爬上甲板，又跨过杂七杂八的障碍物，哈维跟跟跄跄地走到船尾，看见一个男人坐在通往后甲板的台阶上。这男人身材短小精悍，脸上的胡子刮得干干净净，眉毛已经花白。

昨夜的大浪已经过去，远处广阔的海面上漂浮

> 哈维是一个富人家的公子哥儿，以为天底下没有钱办不到的事情。

着十几艘渔船，其间夹杂着一些黑色的斑点，那是平底船打鱼的地方。这艘纵帆船已经抛锚，主桅上升起一面三角帆，除船舱旁的那个男人外，船上空无一人。

"早上好。哦不对，应该说下午好，你几乎睡了时钟的一整圈，小伙计。"男人朝哈维打了个招呼。

"早上好。"哈维回道，他不喜欢"小伙计"这样的称呼，自己刚刚溺水获救，死里逃生，总希望别人多关心关心。要放在以前，哪怕自己只是打湿了脚，母亲都心疼得不行，不过现在看来，眼前的水手却表现得无动于衷。

"来，说说你的情况吧。不管怎么说，这都是天意。你叫什么名字？你从哪儿来的（不会是纽约吧）？要到哪儿去（不会是欧洲吧）？"

哈维说了自己的名字，还有所乘邮轮的名字，又简单介绍了这次意外的来龙去脉，最后请求男人立刻将自己送回纽约，承诺不管他们提什么报酬，父亲都不会说不。

"这个嘛。"那人似乎并不为哈维提出的高额报偿所动，"风平浪静的情况下，任何大人，哪怕是个孩子从船上掉到水里，我们都会救，更别说还是拿晕船当借口的了。"

救人不是因为钱，自然也就不会被钱打动。

"借口？"哈维怒道，"你觉得我会故意掉到你这小脏船里，就为了好玩儿？"

"我不知道你说的好玩儿是什么意思，小伙计。但如果我是你的话，就不会对这艘上天派来救你的小船出言不逊。你的话让我很不高兴，自我介绍一下，我是格洛斯特'海上号'的迪斯科·特鲁普，现在你也该知道了。"

"我不知道，也不关心。"哈维说，"我很感激你们救了我，但你要明白，越快送我回纽约，给你们的报酬就越高。"

> 自始至终，哈维没有说过任何感激的话，只是不停地在提报酬的事，对救他的人来说，这是一种侮辱。

"你……你什么意思？"特鲁普挑了挑眉，温和的蓝眼睛疑惑地看向哈维。

"钞票啊。"哈维乐滋滋地说，觉得自己肯定把对方震住了，"白花花的钞票。"说着，他把手插进口袋，微挺肚子，摆出一副阔佬的样子，"这估计是你一生中最大的一桩买卖，因为你救了我，救了老哈维·切恩唯一的儿子！"

"看来他是个炙手可热的大老爷了。"特鲁普干巴巴地说。

> 现在甚至开始使用命令的口吻。

"你要是连老哈维·切恩的大名都没听说过，那也太没见识了。现在就掉转船头，赶快走。"

在哈维看来，讨论、忌妒他父亲财富的人几乎遍布全美国。

"有见识也好，没见识也罢。先把你的肚子收收吧，里面的食物可都是我给你的。"

哈维听到丹咯咯地笑起来，这小子假装在前桅旁忙活，实则在偷听。哈维的脸唰的一下就红了，"我会付你钱的，你估计我们什么时候能到纽约？"他说。

"我从不去纽约，也不去波士顿。九月份的时候我们会到东岬角，至于你爸爸——不好意思我没听过他的大名，如果他听了你的遭遇可能会给我十美元，当然也可能一毛不给。"

"十美元！喂，你看，我……"哈维掏了掏口袋想找到那叠百元大钞，但只摸到一包湿透的香烟。

"这可不是法定货币，这玩意儿对肺不好，把它扔了吧小伙计，你再找找。"

"我的钱被偷了！"哈维生气地叫道。

"那看来只能让你爸爸感谢我了。"

"一共一百三十四美元，全被偷了！"哈维边说边胡乱地在口袋里翻找，"把钱还给我。"

特鲁普坚毅的面庞上掠过一丝好奇的神情。"你一个小孩子，拿着一百三十四美元干什么呢？"

"这是我零花钱的一部分——一个月的零花钱。"哈维觉得这话对特鲁普来说是个打击，事实

> 在哈维心里，一切都是可以用钱来交换的——你给我食物，我给你钱。

> 突入海中的尖形陆地。

> 对于穷人来说，富人们的零花钱就已经是一笔巨款。这也是特鲁普吃惊的原因。

也确实如此，特鲁普的确吃了一惊。

"什么？一百三十四美元只是一部分零花钱，还只是一个月的！你仔细想想摔倒的时候有没有撞到什么东西，比如柱子什么的。这让我想起'东风号'的老哈斯肯。"特鲁普仿佛自言自语道，"他被舱盖绊倒了，头狠狠地撞在主桅上。三个星期以后，老哈斯肯非要说'东风号'是破坏商业活动的军舰，他决心向塞布尔岛宣战，因为那岛属于英国。但这么一来的话，肯定就捕不到鱼了。船员们只能把他缝在睡袋里，只露出他的头和脚。现在嘛，他也只能在埃塞克斯的家里玩布娃娃了。"

哈维气得说不出话，特鲁普安慰他道："真是抱歉，抱歉，你还年轻，咱们再不提钱的事儿了，如何？"

"你当然不提了，就是你偷的！"

"你愿怎么说就怎么说，如果这能让你心里舒服点儿的话，说是我们偷的也无妨。现在说说回去的事儿。就算我们办得到，也不会这样做，况且你的身体情况也不允许你坐船回家。我们刚到大浅滩，打算在这儿挣些钱。我们这些人一个月连五十美元都挣不到，更别提什么零花钱了。运气好的话，九月初的时候我们会在某个地方登岸。"

"但现在才五月啊！我不能因为你想钓鱼，就跟着你在船上无所事事四个月！我明确告诉你，我做不到！"

"一点儿不错。没人说让你无所事事，奥托在勒阿弗尔落水了，你能干的事情多着呢！我估计他是在大风里没抓牢才掉下去的。无论如何，他是回不来证实这一点了。现在你来了，我相信这是上天的安排。不过，我猜你这样子也干不了什么，没错吧？"

"等上岸以后，非得给你们这群人点儿厉害瞧瞧。"哈维说着，恶狠狠地点点头，嘴里嘟嘟囔囔地抗议这种"海盗行径"，特鲁普对此却并不在意。

"光顾着说话，都忘了正事。你只要记得自己上了'海上号'，其他的不用多说。放机灵点儿，给丹打个下手，我一个月给你十块零五美元的工钱，虽然你不值这个价。到本次出海结束，一共给你三十五美元。干点儿活儿能让你放松下来，有空的时候你也可以给我们讲讲你爸爸妈妈还有你们家财产的事。"

"妈妈在轮船上呢。"哈维的眼里已经噙满了泪水，"快把我送到纽约去！"

"真是个可怜的女人。等你回到她身边时，这些烦恼便都会被她抛在脑后。'海上号'一共八名

> 此刻的哈维一心只想回家，四个月对他来说太过漫长。

> 英美制长度单位，1英里约合1.6公里。

船员。如果现在回去的话，得走一千多英里，那就会错过整个捕鱼季。所以即便我愿意，其他人也不会同意的。"

"我爸爸会补偿你们的。"

"他当然会，这一点我从不怀疑。但八名船员养家糊口就靠捕鱼季了。等你九月份见到你爸爸的时候，身体也已经养好了。去吧，去给丹帮帮忙。我刚才说了，一个月十块零五美元，全是现金，跟我们其他人的工钱都一样。"

> 虽然哈维口口声声说他爸爸会给特鲁普补偿，而且态度傲慢，但是特鲁普还是对他和其他人一样，这体现了特鲁普不分贵贱、平等待人的特质。

"你是说让我刷锅洗碗？"哈维惊道。

"还有别的活儿。小伙计，别大喊大叫的。"

"我不！我爸爸付你的钱足够你买十艘这样的小破船了！"哈维在甲板上直跺脚，"只要你能把我安全送回纽约，而且你还欠我一百三十四美元呢！"

"什么！"特鲁普脸色一沉。

"你知道是怎么回事。关键是，你竟然想让我干这种低贱的工作。"哈维很满意自己选的这个形容词，"还一直干到九月！我告诉你，我不干！听明白了吗？"

> "低贱"这个词既贬低了这份工作，同时也再一次侮辱了救他性命的人。

哈维慷慨激昂地说着，特鲁普则饶有兴味地看着主桅的顶部。

"打住！"他最后道，"我正在琢磨事儿呢，

吉卜林

别影响我的判断。"

丹偷摸地溜过来，推了推哈维的胳膊肘。"别再惹爸爸生气了，"他恳求道，"你已经不止一次地叫他小偷了，他可没受过这个气！"

"我偏不！"哈维尖声叫道，对丹的建议不予理睬，特鲁普仍然一言不发，若有所思。

"真是不通情理。"特鲁普最后说道，目光落在哈维身上，"小伙计，我不怪你，一点儿也不怪你，但你要是控制不了自己的脾气，也别往我身上撒气。现在我再问你一遍，一个月十块零五美元的薪水，全是现金，在船上接替奥托的班来打杂，有人能教你本事，你也能养好身体，你干不干？"

"不干！"哈维说道，"送我回纽约，否则我要你……"

<u>之后究竟发生了什么，哈维已经记不太清了。他倒在一排排水孔上，手捂着流血的鼻子，特鲁普平静地俯身朝他看去。</u>

✐ 特鲁普实在无法忍受哈维的态度，最终教训了他一顿。

"丹。"特鲁普对儿子说，"我对这个小伙计的第一印象不太好，这就是急于判断惹的祸。儿子，你可不要和我一样，莽撞行事。现在我有点儿同情他，他已经神志不清了，他说的那些话、强加给我的罪名，还有掉下船落水这事，都不能全怪他。丹,你好好照顾他,否则我收拾你比收拾他还狠。现在把他鼻子上的血冲冲,擦干净。"

特鲁普板着脸走进他和几位年长水手居住的船舱,留下丹照顾这个身价三千万美元的倒霉蛋。

第二章

哈维的眼泪同断了线的珠子一样噼里啪啦地滴在脏兮兮、油腻腻的甲板上。"我早就提醒过你,"丹说着,"爸爸不是意气用事的人,说出那样不着边际的话,你的确活该。"哈维肩膀一耸一耸地抽泣着。"我知道那是什么滋味。爸爸第一次也是最后一次打我,是在我第一次出海的时候。你是不是感觉很难受,又很孤独?我都明白的。"

"是啊,就是这样。"哈维呻吟道,"那个人要么疯了,要么就是喝多了。我……我真是没法子。"

"这话可别对爸爸讲。"丹悄声说道,"他不喝酒的。他跟我说你才是疯子。你凭啥说他是个贼?他可是我爸爸!"

哈维坐起身,揉了揉鼻子,讲起丢钞票的经过。"我没疯。"他最后说道,"只是你爸爸一次见过的钞票,从没超过五美元,像这样的船我爸爸

> 把眼泪比作断了线的珠子,生动地表现出哈维伤心的样子。

一星期就能买一艘。"

"你不知道'海上号'的价值。我知道你爸爸有很多钱，但你知道他是怎么挣来的吗？爸爸说疯子讲不通正理——你继续说吧。"

> 丹想试探一下，看看哈维有没有说谎。

"在西部，挖金矿啦，还有些其他生意。"

"我在报纸上看见过挖金矿的事。他去过西部吗？是不是像马戏团的人一样拿着手枪，骑在小马上四处乱跑？他们叫那地方'西大荒'，听说那里的马刺和缰绳都是纯银做的。"

"你真是个笨蛋！"哈维说道，觉得很好笑，"我爸爸不骑小马，要是想去的话也是坐汽车去。"

"长什么样子啊？是那种运送龙虾的车厢吗？"

"啥呀？当然是他的私人轿车。你见过私人轿车吗？"

"斯拉丁·比曼有一辆。"丹小心翼翼地说，"我在波士顿的联合火车站见过，当时有三个黑人在清扫。"丹的意思是那些黑人在擦玻璃。"我听说几乎长岛的所有铁路都归斯拉丁·比曼所有，还听说他买下了半个新罕布什尔，在周围建起一圈栅栏，里面狮子、老虎、熊、水牛、鳄鱼之类的动物应有尽有。斯拉丁·比曼可是个百万富翁，我见过他的私人轿车。你说的是那种吗？"

> 在孩子的世界中，发誓是一件严肃的事。

> 典故，源自圣经故事《约拿和鲸鱼》，故事中约拿被船员抛到大海里后被巨鲸吞入肚腹。

"哼！他要是百万富翁的话，那我爸爸就是人们所说的千万富翁了。我爸爸有两辆私人轿车，一辆以我的名字'哈维'命名，一辆以我妈妈的名字'康斯坦斯'命名。"

"你等会儿。"丹打断道，"我爸从不允许我发誓，但你应该无妨。你先别说话，先发个誓。如果你说假话的话，就不得好死，这个怎么样？"

"没问题。"哈维回答道。

"不行不行，你得完整地说出'如果我说假话，就不得好死'。"

"如果我说假话，就不得好死。"哈维说道。

"那一百三十四美元的事也是真的？"丹问道，"我听见你跟爸爸的对话了，他几乎要把你生吞了，那劲头儿跟鲸鱼吞约拿的劲头儿一样大。"

哈维面红耳赤地抗议了几句。丹虽然年轻，但在这一行当里也算老成，十分钟问答后，他就已经确定哈维并没有撒谎了，或者说，至少哈维说得并不离谱。况且，哈维还发了有生以来最毒的誓言，但是现在他仍然好好地、鼻头红红地坐在排水孔上，回忆着一个又一个那些自己听都没听过的奇事。如此看来，他的话应该是有几分可信的。

"我的老天！"听到哈维说有车子以他的名字命名时，丹发自内心地惊叹了一声。随即，他扁平的脸上露出了一个狡黠的微笑,"哈维,我信你。看来这次是我老爸看走了眼。"

"他的确看走了眼。"哈维说道,心里正暗暗盘算着怎么才能出一口恶气。"要是他知道了,估计会气疯,老爸最讨厌被别人否定了。"丹朝后一仰,拍了拍大腿,"嘿,哈维,你可别说漏了嘴。"

"我可不想再被收拾。不过,我早晚会找他算账的。"

"还没人敢找老爸算账。你要是非得这么干,肯定会再被收拾的。别人越说他不对,他教训得越猛。哎,再跟我说说金矿和手枪的事呗。"

"我可从没提过什么手枪。"哈维忙打断他,生怕丹的话让自己违背了誓言。

"好吧,没有手枪的事。不过你刚才说你家有两辆私家车,一辆以你的名字命名,一辆以你妈妈的名字命名,你一个月有两百美元的零花钱,但你现在却因为不愿做每月拿十块零五美元的工作而挨揍,这估计是本季最劲爆的新闻了!"丹说着哈哈大笑起来。

✏ 两个孩子现在已经熟悉起来了。

"你也觉得我是对的吧?"哈维问道,还以为找到了知音。

"才不是,你简直是大错特错!你跟着我干

活儿，要放机灵些，否则不但你要挨罚，我也得跟着遭殃。老爸对我这个亲儿子是加倍严厉，绝不会偏袒自家人。我知道你有点儿恨他，我原来跟你一样。但说实在的，我爸是个公平正直的人，船上的人都是这样认为的。"

"这就是公平？"哈维愤怒地指了指自己受伤的鼻子。

"这不算啥。给你放放血也好，爸爸这么做是为你着想。对了，我可受不了别人说我爸爸或者'海上号'的船员是贼。我们可不是那种码头上的流氓，我们是渔民，一起出海打鱼也有六年时间了。你可别搞错了！我跟你说过吧，爸爸不让我发誓，他说那一点儿用也没有，要是让他发现我发誓了，他肯定会揍我一顿。但你刚才提到你老爸和他的钱，我也跟你说说你丢的那些钱。我替你晾衣服的时候不知道你口袋里装了啥，也没注意看。用你发誓的话来说，你上船以后，就只跟我和爸爸打过交道，我们都没见过你的钱。我向你保证，明白了吗？"

出了点儿血，哈维的思路也清晰了一些，当然，这可能与海上的寂寞也有些关系。"你说得对。"他说道，随即又不好意思地低下头，"丹，对不起，你们救了我，我却还不知感恩。"

✎ 哈维第一次意识到自己的错误，并表达了歉意，这是挫折带来的转变。

吉卜林

"没事儿，估计你也是被吓傻了。"丹说，"不管怎么说，如果不算厨子的话，当时就只有我和爸爸在。"

"丢了就是丢了，我本可以这样想的。"哈维好像是在和丹说话，又像是在喃喃自语，"我为啥要见人就说人家是贼呢！对了，你爸爸在哪儿呢？"

"在船舱里。你又要找他干吗？"

"一会儿你就知道了。"哈维说着，踉踉跄跄地朝船舱走去，他的头没有完全恢复，此时还在嗡嗡作响。船舱门口挂着一个小钟，站在舵轮处便能瞧见。特鲁普正待在棕黄色的船舱里写着什么，不时还用力地咬一咬铅笔。

"我刚才的行为确实不太妥当。"话一出口，哈维都被自己的谦卑惊到了。

🖋 经过了这些事，哈维好像突然一下长大了。

"怎么了？和丹闹矛盾了？"船长问道。

"没有，我是想找你说说话。"

"说来听听。"

"好吧，我……我是来收回刚才说的话的。"哈维语速很快，"你们救了溺水的我……"他又吞吞吐吐起来。

"嗯？继续说下去，这样你才能长大成人。"

"我不该随便污蔑别人。"

75

"公正公平——公平公正。"特鲁普说，嘴角闪过一丝不易察觉的笑容。

"所以我来道歉了。"哈维深吸一口气说道。

特鲁普缓缓地从坐着的储物柜上下来，伸出他的大手。"我刚才就觉得你那种行为对你没啥好处，现在看来我的判断没错。"这时，甲板上传来一阵抑制不住的窃笑。"我的判断很少有失误。"那只大手握住哈维的手，哈维一下子就感觉从手到胳膊肘全麻了，"话说开了就好，小伙子。刚才的事我不怪你，你不必担心。该干什么就干什么去吧，没人会难为你的。"

哈维回到甲板上，脸色通红。"你真是幸运。"丹说道。

"是吗？我没感觉到。"哈维回道。

"我不是说那个。爸爸刚才说的我都听到了。只要说了，他就不会记恨任何人，从他的话里能听出来。当然了，他也讨厌自己判断失误。哈哈！一旦做出判断，他就绝不愿改变自己的看法。这件事能顺利解决，真是不错！爸爸说不能送你回去是对的，船上的人全靠打鱼养家糊口呢！再过半小时，外出打鱼的船员们就回来了，那简直就像一群鲨鱼朝一头死去的鲸鱼涌来一样。"

"为什么呀？"哈维问道。

✏️ 与载客的邮轮不同，这是一艘渔船，船上的每一个人都是靠着自己勤劳的双手养活家人。

吉卜林

"当然是为了吃晚饭喽。你肚子还没咕咕叫吗？看来你要学的东西还多着呢！"

"我也有点儿饿了……"哈维垂头丧气地说道，看了看头顶横七竖八的绳子和木头。

"这船很漂亮吧？"丹误解了哈维的意思，热情地介绍道，"等我们扬起主帆，满载而归的时候你就知道了。不过，在那之前我们还有很多活儿要干。"说着，他指了指两根桅杆间的主舱口，主舱口的门敞着，里面黑洞洞一片，看不清楚有什么。

"这是干什么用的？里面全空着。"哈维问道。

"你、我，还有大家，要把这里填满。"丹回答说，"这是装鱼的地方。"

"活鱼吗？"哈维问道。

"嗯，不是啦，鱼也死得差不多了。咱们要把鱼平铺好，再撒上盐。船舱里有一百桶盐，但现在打到的鱼还太少，连舱底都盖不满呢。"

"那鱼在哪儿呢？"

"还在海里，希望能把它们捞上船。"丹说着，引用了一句渔民们常挂在嘴边的谚语，"你昨晚就是和四十条鱼一起被捞上来的。"

丹指了指后甲板前的木围栏。

"等鱼上船以后，咱们还得把它们剖洗干净。

✏️ 打上鱼后，为了保鲜，要及时清理内脏，并在鱼身涂满盐。

| 渔船上的辛苦是哈维从未体验过的，这样的细节描写为突出之后哈维的变化做了很好的铺垫。

形容水波被阳光照射到的样子。

今晚得有满满一栏鱼要剖洗干净。有一次，鱼多到把船都压低了半英尺，我们站在桌旁宰鱼，实在困得不行了，鱼没宰好倒是差点儿把自己刮伤了。你看，他们回来了。"丹望向低矮的舷墙，只见六只小渔船行驶在波光粼粼的海面上，正朝大船的方向靠近。

"我还没从这么低的角度看过大海呢。"哈维说道，"真美呀！"

太阳西沉，将海水染成了紫色和粉红色，一波一波的海浪泛着金光，波涛低陷处蓝绿色鲭鱼的影子一闪而过。目之所及，每艘小渔船都仿佛被无形的细线牵引至各自的纵帆船，小船上一个个黑影也仿佛上了发条的玩具一般。

"看来收获不小。"丹眯着眼睛说，"曼纽尔的小船再多一条鱼都放不下了，那船被压得仿佛平静水面中的一片睡莲叶子，你瞧！"

"哪个是曼纽尔？你是怎么把他们区分出来的？"

"南边最后一艘就是，昨天晚上就是他救了你。"丹指着南边说，"一看曼纽尔划船的姿势就知道他是葡萄牙人，保准不会看错。他东边那个是小宾，他划船一般，人却不错。看他那样子就像吃了发酵粉一样。再往东，你瞧那一排小船多漂亮，

吉卜林

那边那个有点儿驼背的是朗·杰克,他是戈尔韦人,住在波士顿南部,大部分戈尔韦人都住在那儿,都是划船的好手。再往北边看,是汤姆·普莱特,你马上就能听到他高歌一曲了。他说自己曾经在'老俄亥俄号'上任职,那是我们的海军里第一艘绕过合恩角的军舰。除了唱歌,他很少言语。不过他捕鱼的运气不错。看!我怎么跟你说的来着?"

这艘船上的人来自不同的地方,大家相聚在一起,为了生活而奋斗。

突然,北边的海面上传来一阵嘹亮的歌声。听歌词,好像是唱的什么人手脚冰凉之类的,紧接着,哈维听到:

"拿出海图心茫然,不知船儿何时遇;头顶阴云密布,脚边满是薄雾。"

"满载而归。"丹咯咯笑着说,"如果他开始唱《哦,船长》,那就表示大丰收了。"

歌声继续:"哦,船长,请你听我说,我衷心地祈祷,教堂或是阴暗的回廊,请不要把我埋葬于此。"

"这两首歌是汤姆·普莱特的拿手曲目,明天他会给你讲'老俄亥俄号'的故事。瞧见他身后的蓝色小船了吗?那是我叔叔,也就是我爸爸的亲弟弟,要是大浅滩上有什么倒霉事,一准会找上索特斯叔叔。你看,他划船也是慢悠悠的。我敢用我的

> 船员们给海洋生物起的代称。

> 哈维的新生活从此开始，在他回到父母身边之前，他必须学会成为一个独立的人。

工钱打包票，他准是今天唯一一个被蜇伤的人，而且肯定蜇得还不轻。"

"什么东西会蜇他？"哈维好奇地问。

"一般就是'草莓'啦，有时候是'南瓜''柠檬'，或者是'黄瓜'。瞧，他胳膊肘以下都被蜇伤了，真是倒霉透顶。现在我们得准备用滑车把小船们吊上来。你刚才跟我说什么，你自打出生起就没干过活儿？那你现在肯定感觉很害怕吧！"

"无论如何，从现在起我要努力干活了。"哈维坚定地回答道，"对我来说，一切都是全新的。"

"那就抓住滑车滑轮吧，就在你后面！"

哈维抓住主桅支索上系着的绳子和长铁钩，丹拽住另一根穿过千斤索的绳子，曼纽尔满载而归的小船逐渐靠近。这个葡萄牙人露出一个灿烂的笑容（这笑容哈维后来常常见到），随即用一柄短把鱼叉将鱼叉起来扔进甲板上的围栏里。"一共二百三十一条。"他大声说着。

"把钩子给他。"丹说，哈维便将铁钩扔给曼纽尔。他用钩子钩住船头的绳环，接过丹递过来的滑索，钩在船尾的环扣上，然后爬上纵帆船。

"拉！"丹喊道，哈维便开始拉，竟然不费什么力气就将小船拉起来了。

吉卜林

"等一下，小船不能停在桅顶横桁处。"丹笑着说道，哈维没有放松力气，那小船就停在他头顶上。

"低一点儿。"丹喊道，哈维将小船稍微放低，丹用一只手轻晃着空空的小船，直到船轻轻落在主桅后面。"没放东西的小船是非常轻的。坐这种船的时候得放机灵点儿。在海上要注意的事还多着呢！"

> ✎ 丹在哈维面前表现得像一位老师，表明他在船上生活的经验非常丰富。

"啊哈！"曼纽尔朝哈维伸出一只皮肤黝黑的手，"你现在感觉好点儿了吧？昨天晚上是鱼捕你，现在却变成你捕鱼了。是吧？"

"非……非常感谢你救了我。"哈维结结巴巴地说。他的手又不自觉地伸向口袋，却突然想起自己现在没钱给别人。在了解了曼纽尔的为人后，只要一想到自己当初险些犯下的错，哈维就惭愧得满脸通红，在床铺上辗转反侧。

"别客气！"曼纽尔说道，"我怎么可能眼睁睁地看着你在大浅滩上漂来漂去呢！现在你也成了打鱼人，是不？啊！噢！"他扭动着身体，想把身上的绳索解开。

"今天鱼很快就上钩了，我忙着逮鱼，就没顾得上洗船。丹，今天就拜托你啦！"

哈维立刻走上前去，他终于能为救命恩人做点

81

儿什么了。

丹扔给他一把拖布，哈维低着头擦洗船上附着的黏液，动作虽然笨拙，心里却是诚恳的。"挪一挪脚踏板，脏水会往里流。"丹说，"用拖把擦干净再恢复原状，别让脚踏板被脏东西卡住了，这东西可有大用呢！瞧，朗·杰克过来了。"

一条条闪闪发光的鱼从小船上飞进围栏里。"曼纽尔，你看好滑车，我去支桌子。哈维，你就清洗曼纽尔的船。清理完把这船放在朗·杰克船的下面。"

哈维停下手里的活计，抬头向上一看，头顶上方正是另一艘小船的船底。

"是不是很像印第安人的猜谜游戏？"丹看着一艘又一艘摞在一起的小船说道。

"这就像赶鸭子下水一样。"朗·杰克说道。这个戈尔韦人嘴唇很厚，下巴上的胡子已经花白，此时正同曼纽尔一样前后扭动着身体，想把身上的绳索解开。船舱里的特鲁普朝舱口嚷了几声，哈维他们都能听到他嘬铅笔的声音。

"一百四十九条半，运气不怎么样嘛。特鲁普！"朗·杰克说道，"为了填满你的腰包，我真是拼了老命了。咱们得记住这次惨败，我输给那个葡萄牙人了。"

✏️ 其实，船上的生活是非常单调的，人们每天生活在海上，活动的范围仅限于这艘船。因此，船员们会用各种游戏来丰富生活，比如比比谁打的鱼多。

吉卜林

又一条小船朝大船驶来，围栏里的鱼也越来越多。"二百零三条！听说有客人来了，让我也瞧瞧！"说话的人块头比那戈尔韦人还要大，脸上一条紫色的伤疤从左眼处延伸至右嘴角，让整张脸看起来很奇怪。

哈维感觉有些无所适从，便忙着将落下的小船冲洗干净，又将脚踏板抽出，等洗干净后再放回原处。

"他做事倒是认真。"刀疤男，也就是汤姆·普莱特说道，他此时正仔细地打量着哈维，"做事情有两种方式：一种是打鱼人的方式，也就是凡事都乱来一气；还有另一种……"

"是我们在'老俄亥俄号'上的那种！"丹插嘴道，顺便搬过来一条长凳，"汤姆·普莱特，你让一让，我好支桌子。"

他将桌子的一头卡进舱墙上的两个缺口里，将桌腿踢开，又一弯腰巧妙地躲过了那人抡过来的拳头。

"这也是'老俄亥俄号'上的习俗，丹，知道不？"汤姆·普莱特大笑道。

"那船上的人眼睛都不好使吧，要不怎么都打不中？谁要是想找碴儿，可以到主桅上去找靴子。继续拉！没看见我正忙着吗！"

✏️ 这里的"习俗"指用拳头打招呼。

> 船上所有人都知道这个新来的小船员。

"丹,你每天就躺在缆绳上睡大觉!"朗·杰克说道,"就你这个臭脾气,照我看,不到一星期,你就得把咱们捡来的大宝贝带坏了。"

"他不叫什么大宝贝,人家有名字,叫哈维!"丹挥舞着两把形状奇特的刀说道,"要不了多久,他就能顶上五个在南波士顿挖蛤蜊的家伙了。"说罢,他优雅地把刀往桌上一放,把头歪向一侧,开始欣赏起来。

"我打了四十二条。"舷边一个人小声说道。另一个声音道:"那看来我运气还不错,我今天收获四十五条,不过我已经被蜇得不成样子了!"众人听罢,哄堂大笑。

"到底是四十二还是四十五我已经记不清了。"那个微弱的声音又说道。

"这是小宾和索特斯叔叔,他们正在清点鱼的数量,这比马戏还有意思呢!"丹说,"快瞧,好戏要开场喽!"

"快进来,快进来!"朗·杰克高声呼喊道,"孩子们,外面湿气重,快过来!"

"四十二条,这可是你说的。"索特斯叔叔说。

"那我再数一遍好了。"发出另一个声音的人仿佛并不想引起事端。两条小船聚在一起,齐齐撞

吉卜林

向纵帆船的船舷。

"上帝保佑，真让人火大！"索特斯叔叔喝道，烦躁地拨了拨水花，"你这样的乡巴佬儿就不该上船干活！还跟我比？跟你打交道真是累死个人！"

"实在抱歉，索特斯先生。我是为了治好神经性消化不良才出海干活的。我记得还是你给我出的主意呢！"

"你，还有你那神经性消化不良，就该一起沉到鲸洞里！"索特斯叔叔咆哮道，他是个肥嘟嘟的矮胖子，"现在你又来找我的碴儿。到底是四十二条还是四十五条？"

"我真的记不太清了，索特斯先生。咱们再数一遍吧。"

"我看你那点儿肯定没有四十五条，我的才是四十五条！"索特斯叔叔说，"你好好数数吧！"

迪斯科·特鲁普从船舱里走出来。"索特斯，你赶快把你的鱼拾进去。"这声音极为威严，不容置喙。

"别着急啊，爸爸。"丹小声嘟囔道，"他俩的好戏，才刚开始呢！"

"我的老天，简直笑死个人！他竟然是用鱼叉把鱼一条一条叉上来的！"索特斯叔叔正忙活着，

✎ 表明鱼少得可怜。

一边的朗·杰克却哈哈大笑。另一条船上的小个子默默数着船舷上刻下的记号。

"上周就逮了这么点儿。"他愁眉苦脸地说道,食指还指着船上的记号。

曼纽尔推了推丹,丹连忙朝滑车后跑去,他整个身子俯向船舷外,将钩子钩在船尾的绳环上,曼纽尔也将小船朝前推了一把。其他人一齐用力拉绳子,把小船,还有小船里的人、鱼和其他东西一起吊了上来。

"一、二……四……九……"汤姆·普莱特动作娴熟地数着,"一共四十七条,小宾,你赢啦!"丹松开后滑车,小宾和他船上的鱼都"哗啦啦"一下子掉落在甲板上。

"等等!"索特斯叔叔情绪激动,摇晃着身子尖声叫道,"等一下,我都数乱了。"

他还没来得及抗议,就被拉上了大船,受到了和小宾一样的待遇。

"四十一条。"汤姆·普莱特说,"索特斯,你竟然被一个农民打败了,亏你还是个水手!"

"数得不对吧!"索特斯跌跌撞撞地从围栏里走出来,"我被蜇得身上没一块好地方了。"

的确,他的胖手肿了,显得更胖了,上面紫一块白一块的。

> 动作描写,"推""跑""俯""钩"等动词使文字充满画面感,渲染了船上的忙碌气氛。

吉卜林

"我看啊,有些人能找到'海底草莓'。"丹望着刚升起的月亮说道,"如果他们下水去找的话。"

"另外一些人呢,"索特斯叔叔说,"整天好吃懒做,还拿自家人寻开心。"

"坐下吃饭喽!来吃饭喽!"从船舱里传来一个哈维从没听过的声音。迪斯科·特鲁普、汤姆·普莱特、朗·杰克,还有索特斯叔叔都闻声而动。小宾收起方形绕线轮,理好缠在一起的渔线;曼纽尔四仰八叉地躺在甲板上;丹跳进船舱,哈维听到他在里面用锤子敲打木桶的声音。

"这是盐。"丹回来后向哈维解释道,"一会儿吃完晚饭,咱们就得开始干活儿了。你负责把鱼扔给爸爸。汤姆·普莱特和爸爸会把鱼摆好,他俩准得吵架。你、我、曼纽尔、小宾,咱们这些年轻人是第二拨吃饭的。"

"为什么啊?"哈维问道,"我已经饿了。"

"别急,他们很快就会吃完。你闻,今晚的饭菜好香!爸爸倒霉,没碰到个好兄弟,却请了个好厨子。今天可是大丰收啊,对吗?"说着,他指了指围栏里堆得满满的鳕鱼,"曼纽尔,你打鱼的地方水有多深啊?"

"二十五英寻吧。"葡萄牙人看起来有些困

▣ 英美制计量水深的单位,1英寻约合1.8米。

了,"那地方鱼上来得又快又多。哈维,改天我带你去看看。"

年纪大些的水手们还没走到船尾,月亮就已经悬挂在宁静的海面上了。还没等厨子开口喊"下一拨",丹和曼纽尔就已经走下舱口,坐到了汤姆·普莱特对面,上一拨水手里数他最讲究,他是最后一个吃完的,此时已经用手背抹了抹嘴,准备起身离开。哈维跟着小宾坐到桌旁,桌上放着一口锡制的锅,里面盛着鳕鱼舌和鳕鱼鳔,桌上还有猪肉碎和烤土豆,一长条热气腾腾的面包,一壶很浓的黑咖啡。尽管已经饥肠辘辘,其他人还是等小宾虔诚地祷告完才开始大快朵颐。众人忙着狼吞虎咽,餐桌上没人顾得上说话,一片寂静,直到丹一口气喝光杯里的咖啡,问哈维饱没饱时,才打破了这片寂静。

"差不多饱了,再来点儿也行。"

船上的厨子是个块头很大的黑人,和哈维之前见过的黑人不同,厨子并不多言,只是笑眯眯地示意大伙儿多吃些。

"哈维,你瞧。"丹说着,用叉子敲击着桌子,"跟我说的一样吧!像你、我、小宾、曼纽尔,咱们这几个帅小伙儿得等第一拨吃完才能吃。那些老家伙们心眼儿小,得好生招待他们,所以让

📖 形容非常饥饿(辘辘:形容肚子饿时发出的声音)。

📖 形容食物鲜美,吃得很满意。

✏️ 丹说他们几个年轻人第二拨吃饭是因为大度,表现了丹的幽默感。

他们先吃，实际上这是咱们大度。是不是这个理，大厨？"

厨子点了点头。

"他不会说话？"哈维低声问道。

"会说的不多，但足够交流了。他说的话我们都听不懂。他老家在布雷顿角，那地方的方言是苏格兰土话，听上去挺奇怪的。布雷顿角到处都是打仗期间逃过去避难的黑人，他们学着当地农民的样子，说话叽里咕噜的。"

"那不是苏格兰话，是盖尔语，我在一本书上读到过。"小宾插嘴道。

"小宾读过的书可多了。一讲起读书他就头头是道，一到数鱼的时候他就蔫儿了，是不？"

"你爸爸只是让船员们数一数逮到多少鱼，自己不再检查一下吗？"哈维问。

"何必再多此一举？为了几条破鳕鱼，有说谎的必要吗？"

"确实有人谎报过数目。"曼纽尔插了一嘴，"他每天都会谎报。五条、十条、二十五条地谎报。"

"谁呀？"丹问道，"咱们不认识吧？"

"是安圭拉岛的法国佬。"

"啊！西海岸的法国人算数真的不行，他们数

加勒比海上的一座岛屿，现属于英国的海外领土。

不对也是情理之中。哈维，你要是亲眼见过他们的软钩子，就知道其中的原因了。"丹说着，脸上一副蔑视的表情。

"说了多少次不听，每次还是聊个没完！"

朗·杰克咆哮着从舱门口下来，第二拨吃饭的船员们连滚带爬地上了甲板。

月光下，桅杆、索具和一直扬着的帆的影子，在起起伏伏的甲板上来回晃动。船尾那堆鱼仿佛倾泻而下的银色瀑布。货舱里，迪斯科·特鲁普和汤姆·普莱特正在挪动盐桶，舱中传来踢踏踢踏的脚步声和隆隆的滚动声。丹递给哈维一把叉子，将他领到破案板里侧，在那里，索特斯叔叔正拿着把刀不耐烦地敲着。他脚边还放着一桶海水。

> 晚上应该是休息的时候，但丹和哈维还有很多的工作要做。

"你叉好鱼，从舱门口扔给我和汤姆·普莱特，小心索特斯叔叔的刀，别让他把你眼睛给挖出来了。"丹说着，一下子跳进船舱，"我在下面递盐。"

小宾和曼纽尔站在齐膝深的鳕鱼堆里，挥刀将鱼内脏挑出。朗·杰克脚边放着篮子，手上戴着手套，站在索特斯叔叔对面，哈维盯着鱼叉和地上的小桶。

"嘿！"曼纽尔大喊一声，俯身抓起一条鱼，一下子就用手指挖出了鱼鳃和鱼眼睛。他将鱼放在

吉卜林

围栏边，手起刀落，传来一阵划破鱼皮的撕裂声，将鱼从喉咙到肛门剖开，又在鱼颈两侧各划开一个缺口，随后将鱼扔到朗·杰克脚下。

✏️ 一系列连贯的动作表现了曼纽尔处理鱼的娴熟技术。

"嘿！"朗·杰克喊了一声，用戴手套的手一抠，鳕鱼肝便落入脚边的篮子里。再一抠，一拧，鱼头和内脏便飞溅出去。已经宰好的鱼滑向对面喘着粗气的索特斯叔叔，紧接着嘶啦一声，鱼骨便飞出舷墙。剖洗干净的鱼一下子被扔进小桶。哈维惊得目瞪口呆，被桶里的海水溅了一嘴。吆喝了几声后，船员们都安静下来，鳕鱼们仿佛活蹦乱跳地从一处滑动到下一处。哈维还沉浸在对眼前这一切的惊讶之中。还没等他回过神来，自己的小桶就已经满了。

✏️ 船上的人都是靠本事吃饭，哈维第一次见识到这么熟练的片鱼技巧。

"叉呀！"索特斯叔叔头也不回地嘟囔道。哈维三三两两地将鱼叉进船舱里。

"喂，哈维，一次多叉几条呀。"丹朝这边喊道，"别叉得这么分散，索特斯叔叔可是咱们船上的片鱼高手，你看，他片鱼就跟翻书一样快！"

丹的话不假，索特斯叔叔身形圆滚，但片起鱼来却是分秒必争，像是在裁纸一样。曼纽尔的上半身一动不动，仿佛一具雕塑一般，两条健壮有力的手臂却不停地抓着鱼。小宾也正卖力地干活，但很容易就能看出他有些力不从心。有那么一两次，曼纽尔抓住自己干完活儿的空档去给小宾帮忙，还有一次，曼纽尔的手指不慎被法国人的钩子钩住，他疼得忍不住大叫了一声。这钩子是用软金属制成的，用过之后还能自动弯曲，鳕鱼们常常在这一处脱钩，又在别处咬了钩。格洛斯特船队的人瞧不上法国人，这也是其中一个原因。

> 生动形象的比喻，将船舱里的忙碌气氛表现得很到位。

船舱里，粗盐摩擦在鱼身上，发出刺耳的声音，仿佛刀在磨刀石上磨的声音一样，这声音与围栏内咔嗒咔嗒的声音一起，倒也相得益彰。一拧，一扯，鱼头便取了下来，鱼肝落入篮子中，鱼内脏直接飞了出去。索特斯叔叔的剔骨刀发出嚓嚓的声响，处理完毕，湿乎乎的鱼啪的一声落入桶中。

新鲜、潮湿的鳕鱼比想象中要重得多，干了还不到一小时，哈维就感觉腰酸背痛，累到不管不顾，一门心思只想休息的地步。但这也是他平生第一次感觉自己是劳动人民中的一员，一种自豪感油然而生，所以即便是累得不行，他还是坚持了下去。

"再来把刀！"干了半天，索特斯叔叔喊道。小宾弯下腰，在鱼堆里喘着粗气；曼纽尔前后活动着身体，给自己放松放松；朗·杰克也靠在舷墙上。这时候，厨子无声无息地走了过来，抓起一把鱼骨和鱼头，又无声无息地离开了。

> 吉卜林

"看来早上又得吃鱼杂和鱼头汤。"朗·杰克咂咂嘴唇说道。

> 由于长时间在海上生活，食物大多也来自海里。

"哎，我说刀呢？"索特斯叔叔又挥着那已经卷了刃的片鱼刀嚷道。

"哈维，看看你脚边有没有。"丹的声音从下面船舱里传来。

哈维瞧见舱口系索耳处挂着六七把刀。他把新刀拿过去给大家分了分，又把钝刀拿了回来。

"水！"迪斯科·特鲁普喊道。

"水桶就在你面前，旁边有盛水的勺子。动作快点儿，哈维。"丹说。

哈维很快就拿着一大勺棕褐色的、尝起来像花蜜一样的水回来了，又随即把水递到特鲁普和汤姆·普莱特跟前。

"这是鳕鱼。"特鲁普说，"汤姆·普莱特，这可不是大马士革无花果，也不是什么小银鱼。自从我们搭伙出海以来，我跟你说过多少次了！"

"是啊，已经唠叨了七个打鱼季了。"汤姆·普莱特冷冷地回道，"'装好''装好'……翻来覆去就是这么几句，你要是亲眼见过别人装运四百吨铁的话，就知道该怎么装、不该怎么装了。"

"嘿！"随着曼纽尔的一声招呼，水手们又

干起了活儿，一直干到整个围栏都空了才罢手，中间也没有休息片刻。最后一条鱼一落入桶中，迪斯科·特鲁普两兄弟就朝船尾的舱房走去。曼纽尔和朗·杰克朝船头走去，汤姆·普莱特等他们都离开后也转身走了。不到半分钟，哈维就听到船舱里传来阵阵鼾声，他呆呆地望向丹和小宾。

> 经过连续高强度的工作，大家都已经很累了，一躺在床上，就立刻睡着了。

"丹，我这次有些进步了。"小宾说，他的眼皮也沉得快抬不起来了，"但我还是应该帮你们收拾干净。"

"你太好心了，什么担子都往自己身上担。"丹说，"快进去休息吧，小宾，这不是你该干的活儿。哈维，你打桶水来。哦，小宾，你把这些垃圾倒到垃圾桶里就快去睡吧，都困得不行了！"

小宾提起沉甸甸的一篮鱼肝，倒在一个拴在船上的桶里，然后就进船舱去睡了。

"一般宰完鱼后的打扫是由咱们来干的。天气好的时候，'海上号'的第一轮班也是咱们来值。"丹一边说着，一边使劲将围栏冲洗干净，又把桌子拆卸下来，晾在月光下。接着，他把带血的刀子在一团麻絮上蹭了蹭，又在一小块磨刀石上磨起刀来。哈维也在丹的指导下将鱼内脏和鱼骨扔下船。

> 丹和哈维第二拨吃饭，看来睡觉也会是第二拨。

刚一扔下船，只见水花飞溅，一个银白色的身影从油亮亮的海水里蹿了出来，发出奇怪的、如同吹口哨般的一声叹息。哈维吓得惊叫一声，而丹却在一旁哈哈大笑。

"这是虎鲸。"丹说道，"它们是来讨鱼头吃的。肚子饿的时候，它们的尾巴就会像刚才那样浮出水面。那呼吸声有些阴森可怕，是不？"虎鲸白色的躯体逐渐没入海中，空气中弥漫着臭鱼烂虾散发出的阵阵恶臭，海水也像热油一样咕嘟咕嘟地冒泡。"你原来没见过虎鲸翘尾巴吗？咱们这一趟出海包你看个够。要不说呢，船上多了个帮手真是不错。奥托年龄太大了，而且他又是个荷兰人。他还在船上的时候，我俩没少吵架。他要是个守规矩的人，估计也就没这么多事儿了。你困了吗？"

✏️ 大海里有着各种各样的生物，在海上，人类是外来客。

"快困死了。"哈维说着直点头。

"咱们值班的时候可不能睡觉啊。打起精神，看看咱们的锚灯是不是亮着，有没有闪烁。别忘了，咱们正在值夜班呢，哈维。"

✏️ 哈维已经慢慢适应了这样的生活，虽然又累又困，但这一次，他变得非常坚强。

"哎哟，有什么可担心的？天气这么好！哼！"

"以防万一嘛，爸爸总是这样说。天气好的时候船员们容易大意，就会瞌睡。结果还没回过神，咱们的船就可能撞上别的船，一下子被劈成两半。然后，就会有十七个警察到达现场，他们可都是大官，这些人指指那儿，碰碰这儿，要么说你的灯坏了，要么就说是遇上大雾了。哈维，我挺喜欢你的，但你要是再打瞌睡的话，我可就用绳子头敲打你，帮你清醒清醒了。"

> 转换视角，站在月亮的位置看船上发生的一切。

月亮对大浅滩上稀奇古怪的事早已见怪不怪。此时，只看见在一艘排水量达七十吨的纵帆船上，一个上着红色针织衫、下着灯笼裤的瘦小伙儿在杂乱的甲板上跟跟跄跄地走着。他身后，另一个小伙儿学着刽子手挥刀的样子，一边挥舞着一根打结的绳子去敲打前面的小伙儿，一边困得直打哈欠。

束紧的舵轮轻轻摇晃着，发出呻吟般的声音；风帆在微风吹拂下飘动，锚机吱吱作响，两个小伙儿强打精神坚持着。哈维先是抗议，再是威胁，后来开始啜泣，最后终于放声大哭。丹却是铁面无私，一会儿给哈维讲值夜班的好处，一会儿又开始拿着绳子头乱甩，要么抽打小船，要么敲打哈维。终于，舱内的时钟敲了十下，最后一下响起的时候，小宾出现在了甲板上。他见两个男孩儿并排倒在主舱口，沉沉地睡着了，便搭手把两人弄到他们的床铺上。

吉卜林

第三章

　　大家美美地睡了一觉后，只觉得神清气爽，眼睛也明亮了起来，顿时有了吃早餐的胃口。早餐是一大罐美味多汁的鱼杂饭，食材是前一天晚上厨子从甲板上捡来的，面对此等美味，众人将其一扫而光。

　　年长的船员们又出海捕鱼了，哈维和丹负责洗干净他们早餐用过的盘子和锅，切好猪肉以备午餐使用，又将舱房打扫干净，把灯油添满，给厨子准备好做饭的煤和水，最后又检查了一遍储存货物的前舱。今天又是个好天儿——天气晴朗，海风柔和，哈维深深吸了一口气，享受着这样的美好时刻。

　　昨天夜里来了许多纵帆船，现在长长的海岸线上满是帆和小船。远处的地平线上，一艘若隐若现的客轮冒着黑烟，污染了这一片蓝色的天空。东边，一艘大船刚升起上桅帆，天空中仿佛出现了一个方形的口子。迪斯科·特鲁普在舱顶抽着烟，一只眼睛盯着周围的船，另一只眼睛看着主桅顶上的小旗子。

　　"爸爸那样出神的时候，"丹悄声说道，"准是在考虑些大事。我敢用我的工钱打赌，我们很快

✏️ 故事随着新一天的开始继续向前推进，也给了读者新的期待。

就要上岸了。可以说爸爸对鳕鱼再了解不过了，其他船队也知道爸爸对这个在行。你看，这些船队一拨一拨地出现，表面上看不出他们有什么企图，实际上，这些船队都紧盯着咱们呢！那个是'勒伯王子号'，是从查塔姆过来的。从昨儿晚上开始，这船就一直跟着咱们。瞧见那艘前桅帆打了补丁，又装了新三角帆的大船了吗？那是'凯利·皮特曼号'，从西查塔姆过来的。自从上个渔季以来这船就不走运，要是这个渔季还是这样的话，估计它很难有什么收获。这船常常啥也不做，也不抛锚，就光在海上漂着。爸爸如果开始吐那样的小烟圈，就肯定是在研究鱼的动向。这种时候可不能过去打扰他，否则他准翻脸。上次我这么干，他直接抄起一只靴子就朝我扔过来。"

迪斯科·特鲁普叼着烟斗，出神地望着前方。正如丹所说，他正在研究鱼群的动向——这是一场他在大浅滩积累的知识、经验与鳕鱼群的较量。对他而言，周围那些双桅船的跟踪是对自己能力的认可。不过，现在他只想赶快脱身，找个没人的地方抛锚，等到合适的时机再回来捕鱼。迪斯科·特鲁普开始从一条二十一磅重鳕鱼的角度考虑最近的天气、大风、洋流、食物供应等日常事务。实际上，在刚才一小时的时间里，他自己本身就像一条鳕鱼

✏️ 这句话表明"海上号"是一艘名声在外的渔船，其他船只只要跟着这艘船，就能找到鱼多的地方。

📖 英美制质量或重量单位，1磅约0.45千克。

✏️ 捕鱼是一项需要经验和知识的工作，在海上要考虑的因素有很多，既要确保能够捕到鱼，还要保障安全。

一样。接着,他把烟斗从嘴边移开。

"爸爸,"丹说道,"<u>我们已经干完活儿了,能不能放条小船下去玩一会儿,今天天气这么好,太适合捕鱼了!</u>"

"可以倒是可以,但可不能让他穿那身红衣服和棕色鞋子去。你去给他找件合适的衣服。"

"爸爸心情不错,一切都好办了。"丹兴奋地拉着哈维走进船舱,特鲁普拿起一把钥匙扔了下来,"妈妈说我太粗心,所以我不穿的衣服都是爸爸收着。"丹在舱房中的储物柜里左翻翻右找找,不到三分钟,就把哈维装扮好了。只见哈维脚上穿着一双长及大腿的橡胶靴,身着一件肘部打补丁的深蓝色运动衫。

"现在看起来像那么回事了。"丹说道,"咱们快走吧!"

"就在附近,可别走远了,"特鲁普嘱咐道,"也别去其他船队那边瞎转悠。要是有人问你们我接下来的打算,如实回答就行,反正你们也不知道什么。"

一艘名为"海蒂S号"的红色小船停在纵帆船的船尾处。丹拉起缆绳,轻轻跳了上去,哈维紧随其后,却笨手笨脚地摔了下去。

"这样上船可不行。"丹说道,"要是有风浪

> 对在船上工作的孩子来说,能够自己下海捕鱼是一件开心的事。

的话，你准得掉下去。你得学着顺势跳上船。"

丹装好桨架，安好前挡板，看着哈维划船。哈维原来在阿迪隆达克的池塘里划过船，他划船的姿势同淑女一般优雅。但吱吱作响的桨板和平稳的双桨可是两码事，一种是八英尺长的粗桨，另一种则是轻型双桨。所以即便是有些小风浪，哈维也很难划过去。哈维生气地哼了一声。

"快一点儿！划船的时候别拖泥带水！"丹指导着，"照你这种划法，风浪再小的海面上都可能会翻船。这可是我的宝贝小船，弄坏了我可心疼了。"

小船确实很干净，一点儿脏东西也没有。船头放着一个小小的锚、两壶水，还有一些棕色的细钓竿，小船能用来钓七十英寻水深的鱼。哈维右手下边的系索耳上放着锡制的开饭号，旁边是一把样子难看的大木槌、一把短鱼钩和一根更短的木棍。几根系着沉重铅锤和双排鳕鱼钩的渔线，整整齐齐地卷在方形绕线轴上，固定在船舷。

"帆和桅杆在哪儿？"哈维问道，他的手快被磨出水泡了。

丹吃吃地笑了起来。"一看你就不常捕鱼。划船的时候你应该推，但也不用推那么大劲儿。你不想拥有一艘这样的小船吗？"

✏ 对哈维来说，从掉入海里的那一刻起，所有的事情都是一种挑战，因为他什么活儿都没有干过。

"嗯……要是我向爸爸开口要的话，他应该会给我买个一两艘。"哈维回道。上船以后，他一直忙活着干活儿，几乎没什么时间想家。

"是呢！我都忘了，你爸爸可是百万富翁。不过你现在可没有一点儿百万富翁的架子。不过，一艘帆船、一艘小船，再加上各种装备，价钱也不低呢！"丹仿佛在说一艘捕鲸船，"你爸爸会买给你，就只为逗你开心吗？"

✏️ 丹的话再次表明哈维的转变，他不再像以前那样骄横。

"没问题的，这可能是唯一一件我没求着他给我买的东西了。"

"养个你这样的孩子还真是费钱呢！哈维，别那样划，你得划快一点儿，这是划好船的诀窍。你想啊，大海不可能永远都是风平浪静的，一会儿海浪就会……"

咔的一声，哈维的下巴直接撞在船桨的桨柄上，撞得他直往后退。

"我刚想提醒你呢！我也撞过，不过那时候我还不到八岁呢，就算是交了学费吧。"

哈维重新坐回座位上，下巴疼得不行，忍不住皱了皱眉头。

"老爸说过，遇事干生气是没用的哦。他说了，解决不了问题要在自身找原因。来试试这边，曼纽尔会告诉咱们水深的。"

✏️ 丹虽然还是一个孩子，但懂得很多道理。在哈维面前，他确实算一位老师。

那葡萄牙人正在一英里开外的地方摇着船桨，见丹停下桨，便向丹连招了三次左手。

"水深三十英寻。"丹说着，往钩子上穿了一块咸蚌肉，"再往上放一块面团，哈维，你也这样穿鱼饵，注意别把渔线缠在一起。"

丹的渔线已经放出去好长，哈维才逐渐掌握了挂鱼饵、放渔线的诀窍。小船在海面上漂着，现在还没等到合适的时机，不能随便抛锚。

"来了！"丹嚷道，只见一阵水花溅在哈维肩头，一条大鳕鱼在船舷上奋力拍打着身体，"拿来，哈维，快拿来，就在你手边！"

> 作者没有直接写大木槌，而是先写丹不需要的开饭号，镜头转换，能让画面变得更立体，增强故事的真实感。

显然，丹要的东西肯定不是开饭号，于是哈维将大木槌递了过去。丹接过木槌，一下就击中了鳕鱼的要害，然后将它拖上船，用那根被他称为"撬嘴棒"的短木棍将鱼钩取了出来。这时，哈维觉得有什么东西拉扯着自己的渔线，连忙拼命往上拉。

"哇，是'草莓'呀！"他嚷道，"快瞧！"

只见钩子钩住了一串半红半白的"草莓"，跟陆地上长的草莓几乎一样，只是没有叶子，根茎毛茸茸、黏糊糊的。

"别碰，快把它们扔下去！别……"

但这声警告还是晚了一步，哈维已经将"草莓"从钩子上取下来，拿在手里开始欣赏了。

"哎哟！"哈维惊叫一声，他的手指疼得抽筋，仿佛刚抓过一把荨麻一样。

> 多年生草本植物，茎和叶子都有细毛，皮肤接触时能引起刺痛。

"现在你知道'草莓'是怎么回事儿了吧。爸爸说过，海里的东西，除鱼以外，其他的都别拿手碰。哈维，快把它们扔回去吧，再重新穿好鱼饵。光看可没有用，别再耽误时间了，都算在工钱里呢！"

一想到自己每个月有十块零五美元的工钱，哈维笑出了声。他不禁去想，要是母亲看见儿子正在大海中的一条小渔船上讨生活，她会说些什么。要是在原来，每次自己去萨拉纳克湖的时候，母亲都要担惊受怕。哦对了，哈维还清楚地记得，自己过去常常笑话她大惊小怪。突然，哈维手上的渔线一闪，即便手上戴着控制渔线的羊毛圈，自己的手还是被拽得生疼。

"这是个大家伙，你估摸着它的力量去放渔线。"丹喊道，"我来帮你！"

"不用！"哈维紧抓着渔线厉声说道，"这是我钓的第一条鱼，这……这是不是鲸鱼啊？"

"可能是条大比目鱼。"丹盯着旁边的水面，举起大木槌，做好了充足的准备。海水中闪过一个白色的椭圆形物体。"我敢拿我的工钱和分红打包票，这家伙绝对不止一百磅。你还打算自己拉它上船吗？"

哈维的手指被卡在船舷的上沿处，现在已经又红又肿，开始流血。他使出全身的力气，激动难耐，脸都憋成了青紫色。他汗流浃背，眼睛死死盯着阳光下晃来晃去的钓线，看久了只觉得两眼发花。还没等大比目鱼束手就擒，两个男孩已经累得筋疲力尽，只得任由比目鱼拽着他们的小船转了二十多分钟的时间。最终，这条大比目鱼还是被他们用鱼叉叉住，拽上了船。

"你这个新手真是运气好，"丹说着，擦了擦额头上的汗珠，"这鱼总共得有一百磅重。"

哈维望着眼前这个带有斑点的灰色大鱼，内心的自豪感不言而喻。原来他曾无数次在大理石案板上见过这种比目鱼，却从不知道这些比目鱼是怎么被抓上来的。不过现在他已经有了答案。这时候，哈维感觉浑身酸疼。

"要是爸爸在的话，"丹一边说着一边拉扯着大鱼，"他肯定能凭借观察找到鱼群的踪迹。现在这种鱼的个头越来越小，咱们这次出海就是要找这种大比目鱼。不知你有没有注意到，昨天水手们捕到的那些鱼，虽然个头都不小，但都不是这种比目鱼。老爸要是来了准能看出些门道来，他说过，在大浅滩上，凡事都有迹可循，就看你能不能发现

> 哈维第一次靠自己的双手做成了一件事，这一次容不得半点质疑，也远比富豪的儿子的身份更使他感到骄傲。

吉卜林

其中的门道。在海上，爸爸的心思比那鲸鱼洞还要深呢！"

丹正说着，从"海上号"飞来一枪，紧接着一个土豆篮子出现在前索上。

"我刚才说什么来着？这是叫大家回船的信号，爸爸可能是想到了什么，不然他不会突然让大家回程。快把渔线收起来，哈维，咱们得回去了。"

他们身处纵帆船的上风处，正打算掉转船头往回走，却突然听到远处传来一阵悲鸣，原来是小宾的船正在原地打转，那样子活像一只被拴住的大水虫子。小宾的船后退了几步，却又被巨大的力量拽了回去。他尝试了好几次，每次都以失败告终，他的小船始终被困在原地。

"我们得过去帮帮他，否则他就要在这儿生根发芽了。"丹说道。

"他怎么了？"哈维不解地问。对哈维来说，大海是一个全新的世界，在这里，自己不能像原来一样对长辈们发号施令，而须得恭恭敬敬地提出问题。大海大得可怕，静得吓人。

"锚被缠住了，小宾经常丢锚，这趟出海已经丢了两个了，都是在沙洲上丢的。爸爸说了，要是再丢，准得给他个石锚。那小宾得伤心死。"

> 丹作为一个孩子，愿意主动去救大人，展现了他的勇敢与善良。

> 一种海上刑罚。把犯错的水手丢入海中，拖在船底龙骨处，然后拉到船的另一侧。

"石锚是什么呀？"哈维问道，他猜这应该是一种海上的惩罚，就类似故事书里的拖龙骨一样。

"就是一块大石头。要是船头放着一块大石头，那其他舰队也就都明白其中的意思了。别人会疯狂取笑他的。这就跟在狗尾巴上拴个勺子一样，小宾那么敏感的一个人，他肯定受不了这个。嗨，小宾！又被缠住了？你别费劲儿了，你往锚那边靠靠，再上下拽拽试一试。"

"拽不动啊。"小个子小宾喘着粗气说道，"我费了半天劲儿，还是一动也不动。"

"这堆乱糟糟的东西是干吗用的？"丹指着一堆拼凑而成的备用桨问道，这活儿一看就知道是出自外行之手。

"哦，你说那个呀，"小宾自豪地说，"这是西班牙绞盘，是索特斯先生教我做的，不过好像用处不大。"

> 利用轮轴的原理制成的一种起重机械。船上起锚和用绳索牵引重物等都会用到绞盘。

丹趴在船舷上偷偷笑了下，拽了一两次锚缆，那锚一下子就上来了。

"小宾，你可抓好了，"丹笑着说，"要不一会儿又被缠住了。"

说罢，哈维和丹二人便划船离开了。小宾眨着那双可怜的蓝色大眼睛，盯着沾满水草的小锚，嘴里一个劲儿地说着"谢谢"。

吉卜林

"哦,对了,哈维,这倒提醒了我。"船划得远些后,丹说道,"小宾这个人吧,脑子不太灵光,但他本质并不坏,只是脑子不好使罢了。你看出来没有?"

"这也是你老爸的想法吗?"

哈维边俯身划桨边问道。他觉得自己对付这两支桨已有些得心应手了。

"爸爸这次可没看错,小宾确实是木讷得不行。"

"嗯,也不对,确切地说,小宾就是呆呆笨笨的。哎,哈维,你这会儿划得不错啊。我觉得你应该知道,所以才跟你讲这些。我跟你说啊,小宾原来是个传教士,他那时候叫雅各布·伯勒,跟妻子和四个孩子一起住在宾夕法尼亚州,这都是老爸跟我说的。后来,小宾带着家人去参加教会的聚会,就类似露营的那种,一家人打算在约翰斯顿过夜。你听说过约翰斯顿那事儿吧?"

哈维想了想,说:"听说过,但不知怎么的,我总分不清约翰斯顿和阿什塔布拉。"

"你分不清,哈维,是因为这两起都是大事故。就是在小宾一家打算去旅馆的那个晚上,约翰斯顿被洪水夷为平地。当时大坝决堤,房屋被冲垮,沉入水中。我见过那场灾难发生时的照片,真

> 哈维通过自己的努力,逐渐赢得了丹的信任,因此丹才会跟他说更多关于船员的事。

> 对小宾悲惨经历的描写，暗示了船员们的艰难，隐含了作者对他们的同情。

的太恐怖了。还没回过神来，小宾就发现自己的家人都被洪水卷走了。从那以后，他的精神就有些不正常。他总觉得曾在约翰斯顿发生过什么事，但又想不起来究竟发生了什么。他四处漂泊，总是傻乎乎地笑着，却又若有所思的样子。他想不起自己是谁，也想不起自己是从哪儿来的，后来，他在阿勒格尼城碰见了走亲戚的索特斯叔叔。我妈妈的亲戚有一半都住在宾夕法尼亚，每到冬天索特斯叔叔都会过去拜访。了解到小宾的经历后，索特斯叔叔决定收留他，后来又将他带到东海岸，安排他在自己的农场里干农活。"

"啊？昨天晚上两船相撞的时候，我听见索特斯叔叔叫小宾'乡巴佬'，怎么，他自己也是农民吗？"

"农民！"丹大叫一声，"从这儿到哈特勒斯的所有海水都洗不净他靴子上的泥！他可是个地地道道的农民。听着，哈维，我见过他提着水桶一直到太阳落山，他还在水桶上安了个水龙头，活像是奶牛的乳房一样。说他是乡下人一点儿也不冤枉。后来，他和小宾在埃克塞特经营着一家农场。今年开春，索特斯叔叔把农场卖给一个从波士顿来的家伙，那人想修建一幢供夏天避暑用的别墅，索特斯叔叔从中大赚了一笔。卖掉农场后，小宾和索特斯叔叔两人每天混在一起。后来不知怎的，小宾原来所在的教会知道了他流浪的行踪，给索特斯叔叔去了一封信。我不知道信里说了什么，只知道索特斯叔叔看完信后勃然大怒。他勉强应付着，说自己不会把小宾交给任何教会，不管是宾夕法尼亚州的教会还是什么其他地方的教会，通通不管用。再后来，索特斯叔叔带着小宾来到爸爸这里，这还是上上个渔季的事儿。当时他跟爸爸说，为身体健康考虑，他和小宾打算出海捕鱼。我估计他应该是觉得教会不会在大浅滩这边追查雅各布·伯勒的行踪。我爸是个好说话的人，索特斯叔叔在捣鼓肥料专利的空档，曾断断续续地打了三十多年鱼，况且他还拥有'海上号'四分之一的股份呢。那次出海后小宾的状态确实不错，所以后来爸爸每次出海都带着他。爸爸曾经说过，总有一天，小宾会想起自己的妻儿，想起约翰斯顿，到那时候，他恐怕也就真的活不成了。所以呀，千万别在小宾面前提起约翰斯顿，否则索特斯叔叔非把你扔下海不可！"

"<u>小宾真是太可怜了！</u>"哈维喃喃道，"看索特斯叔叔和小宾在一起的样子，我还以为他不喜欢小宾呢！"

"我挺喜欢小宾的，大家都很喜欢他。"丹说，"我们本该拖着他的船走一段的，但我觉得还

> 一句话体现了哈维内心的本质，他骨子里是一个善良、有悲悯心的人。

是应该先告诉你。"

交谈间，小船逐渐靠近纵帆船，其他小船也紧随其后。

"等吃完晚饭再把小船拉上来吧，"特鲁普的声音从甲板上传来，"现在准备开始宰鱼了，支好桌子，小伙子们。"

"还记得我的话不？他的心思比鲸鱼洞还深得多。"丹说着朝哈维眨了眨眼睛，开始准备宰鱼的装备，"瞧见那些从早上就悄悄跟着咱们的船了吗？他们都在等爸爸的下一步行动呢！你注意到了吧，哈维？"

"我看这些船都长得差不多。"诚然，对于常年生活在陆地上的人来说，这一艘艘纵帆船简直像从一个模子里刻出来的一样。

"还是有些差别的。你瞧，那艘船头斜桅翘起来的大黄船是'布拉格希望号'，船长是尼克·布雷迪，那可是大浅滩上最卑鄙的家伙了，等咱们到了主暗礁你就知道他是什么人了。大黄船旁边那艘是'天眼号'，船主是来自哈里奇的杰拉尔德两兄弟。这船驶得很快，而且运气不错，但也比不上老爸在海上的经验——他可是在坟地里都能逮到鱼的人。再看那三艘一字排开的船，分别是'玛吉·史密斯号''罗斯号'和'伊迪斯·S.瓦伦号'，这

✏️ 运用夸张的修辞手法，强调丹的爸爸高超的捕鱼本领。

吉卜林

三艘船都是我们家乡的船。老爸,明天应该能碰见'艾比·M.德林号'吧?它们一般都是从奎尔诺浅滩那边过来的。"

"丹尼,明天见到的船只不会多。"特鲁普一叫儿子丹尼,就意味着他心情不错。"小伙子们,这儿也太挤了,"他继续对陆续爬上船的船员们说道,"咱们要让他们用大鱼饵钓小鱼。"他看了看围栏里的鱼,真是又小又细,让人吃惊。除哈维抓到的那条大比目鱼外,甲板上竟然没有超过十五磅重的鱼。

"还是得看看天气怎么样。"特鲁普补充道。

"那你加油了,特鲁普,我是看不出什么来了。"朗·杰克扫了一眼清晰可见的海岸线说道。

半小时后,船员们还在忙着宰鱼,大浅滩的海雾就将他们笼罩其中。照船员们的话来说,那雾大到面对面都看不清对方。海雾滚滚而来,烟雾缭绕,船稳稳地行驶在看不清颜色的海面上。船员们都放下了手上的活,一个个沉默不语。朗·杰克和索特斯叔叔打开起锚机开始起锚,湿乎乎的麻绳摩擦着滚筒,发出刺耳的响声。最后还是曼纽尔和汤姆·普莱特过来帮了一把。船锚哗的一下浮出水面,特鲁普掌舵稳住了船,帆也高高地扬了起来。

"升起三角帆和前桅!"特鲁普号令道。

✏️ 大海上的任何天气变化,都值得船员警惕,稍有不慎就会有危险。

> 每艘船都有自己的打算，船员们是出来工作养家糊口的。

"趁雾大快把他们甩了！"朗·杰克一边喊，一边将三角帆的帆索系紧，其他船员也升起前帆，帆上的圆环发出咔啦咔啦的响声。前桅张帆杆也吱吱作响，"海上号"迎风前进，一下子驶入白茫茫一片不断翻滚升腾的海雾中。

"雾后会有大风。"特鲁普说。

对哈维来说，能有这样的经历，其中的美妙无法言喻；最奇怪的是，特鲁普几乎不怎么发号施令，只是时不时咕哝两声，最后再来一句"好样的"。

"你以前没见过起锚吗？"见哈维正目瞪口呆地望着湿漉漉的前帆出神，汤姆·普莱特朝他问道。

"没见过。咱们现在要去哪儿？"

"打鱼，抛锚，等你在船上待一星期，这些事儿就全明白了。你现在看什么都觉得新鲜，但以后的事儿谁也说不准。就拿我，汤姆·普莱特来说吧，我从来也没想过……"

"这总比冒着生命危险，一个月挣个十四美元好得多吧？"掌舵的特鲁普插话道，"把张帆杆往下放放。"

"有钱挣就行。"这个曾在军舰上干活儿的水兵摆弄着拴着一根木梁的大三角帆，回道，"但

吉卜林

在博福特港外的'吉姆·巴克小姐号'上操纵起锚机制动器的时候,我们可没想这么多。当时梅肯堡火力全开,我们的船尾受到袭击,天公也不作美,头顶还刮着大风。哎,对了,特鲁普,你当时在哪儿呢?"

"应该就在这附近,"特鲁普回答道,"还在这片大海里讨生活呢,还得躲避武装民船的袭击。真是抱歉,不能给你提供火力支援。不过,我看咱们应该可以顺利到达东岬角。"

海浪不断拍击着船头,时而砰的一声撞了过来,时而在舱上溅起一阵水雾。索具上的水珠滴滴答答地不停往下落,水手们都懒洋洋地躺在舱房背风处,唯独索特斯叔叔直挺挺地坐在主舱口,抚摸着自己被蜇伤的手。

"看来要把支索帆撑起来了。"特鲁普说道,并瞄了一眼在一旁的弟弟。"感觉也没啥大用,不是白白浪费帆吗?"这个农民出身的水手应道。

船舵在特鲁普手中几乎感觉不出有什么转动。几秒钟后,一道浪尖斜斜地划过船,呼啸着打在索特斯叔叔身上,把他淋了个遍。索特斯叔叔气急败坏地站起身,朝前走去,又一个大浪迎面而来。

"你看,爸爸在用大浪追得他满甲板乱跑。"丹说,"索特斯叔叔总觉得他那四分之一的股份就是船上的帆。前两次出海，爸爸就是用这一招让他像鸭子一样团团转。嘿！你看，他走到哪儿浪头就追到哪儿！"索特斯叔叔躲在前桅边上，又一个浪打来，把他膝盖以下都弄湿了。特鲁普的脸却像他手里的舵一样，看不出一丝一毫表情的变化。

✏️ 非常形象的比喻，使画面感瞬间增强。

"索特斯，我看还是把支索帆撑起来会更好些。"特鲁普说着，仿佛什么也没看见一样。

"你爱怎么办就怎么办吧，"索斯特叔叔又被一个海浪击中，尖声叫道，"不过到时候你可别赖我。小宾，快到舱里去喝咖啡吧，这种烂天气，怎么还在甲板上闲逛？"

"现在他们会到舱里没完没了地喝喝咖啡，下下棋了。"瞧见索特斯叔叔将小宾推入前舱，丹对哈维说道，"我看咱们也得找点儿事做来打发时间了。在大浅滩上打不到鱼，没有什么比这更让人闲得发慌的了。"

"丹尼，你能有这种看法，我很欣慰。"朗·杰克大声说道，他正盘算着找点乐子，"我都快忘了，我们还有一位新乘客在船上。不懂行的人可闲不着。汤姆·普莱特，把他带过来，我们好好教教他。"

✏️ 哈维开始正式学习在船上生存的本领。

"这可不关我的事儿哦，"丹咧着嘴笑道，"这次你得自己过去，我也是挨过打才学会的。"

吉卜林

在接下来的一个小时里，朗·杰克把倒霉的哈维支使得团团转，正如他所说，这些航海知识人人都得懂，不管你是瞎子还是醉汉，即便是睡着觉也得知道。对于这样一艘排水量七十吨、前桅简易的纵帆船来说，船上的装备并不太多。但朗·杰克巧舌如簧，总能说得天花乱坠。他想让哈维看清楚桅顶的升降索，就把指关节抵在哈维脖子上，迫使他不得不看了半分多钟。为了让哈维分清船头和船尾，他按着哈维的头，让他的鼻子在几英尺长的吊杆上蹭来蹭去，这样一来，每根绳索从头到尾的样子便都印刻在哈维脑子里了。

要是甲板上空无一物，学起来可能会更轻松些。可现在甲板上堆得满满当当，连下脚的地儿都没有。船头放着锚机和索具，还有链条和缆绳，走路的时候很难绕过去。舱上竖着一根烟囱，舱口边放着装鱼肝用的垃圾桶。再往后，船尾处原本放置水泵和宰鱼围栏的地方已经被前张帆杆和主舱盖子塞满。后甲板上堆叠着一摞小船，船头都用环栓相连。舱房上挂着各种小桶和七零八碎的杂物。最后是六十英尺长的主帆桁，只要在其臂长范围内的东西都会被它打到，每次从下面经过都得低头闪避。

当然了，汤姆·普莱特也没闲着，他没完没了地介绍着"老俄亥俄号"上的船帆和桅杆，大都是

> 舌头灵巧得就像乐器里的簧片一样，形容能说会道，善于狡辩。

些没用的废话。

"别听他的。哎,你个无知的家伙,汤姆·普莱特,这可不是在'老俄亥俄号'上,你别乱教了,这孩子都被你说迷糊了。"

> 通过一些玩笑话,表现船上轻松的氛围。

"你一上来就教他这些东西,估计他这辈子都搞不清楚了。"汤姆·普莱特争辩道,"他应该学一些基本的原理,航海是门艺术,哈维,我可以教你,如果你有机会去……"

"我还不知道你?你都把他搞糊涂了。闭嘴吧,汤姆·普莱特。好了,我讲了这么多,哈维,现在考考你,要怎么才能收起前桅帆呢?你别着急,好好想想再回答。"

"把这个拉进去。"哈维指着下风方向说道。

"什么?你是说北大西洋?"

"不是,我是说张帆杆。然后把你刚才给我看的绳子穿回那儿。"

"行不通的。"汤姆·普莱特插嘴道。

"嘘!他还在学呢,很多名字记不清也正常。哈维,你继续说。哦,对了,那东西叫收帆索,应该把索具系在收帆索上,然后再放下……"

> 船上的人都想教教这个新人,从侧面表现了此刻船员们的悠闲。

"降帆,孩子,注意是'降'!"汤姆·普莱特这行家听得一脸痛苦。

"降斜桁升降索和顶桁升降索。"哈维继续说道。这次他可把这几个名称记住了。

"你把手放上来试试。"朗·杰克说。

哈维把手放了上去。"降，降到绳圈——帆的后缘上——哎呀，不对，那东西是叫索眼——直到索眼降到张帆杆上。然后照你说的打个结，我再把斜桁升降索和顶桁升降索吊起来。"

"你忘了穿耳索了，多学学你就记住了。船上的每根绳子都有用处，不然早被扔下船了。你明白我的意思吗？好好学，这就相当于给你口袋里送钱呢，小东西！等学到手以后，你就能把船从波士顿开到古巴，到时候告诉他们，你师傅可是朗·杰克。好了，现在我带你走一圈，认清楚这些绳索。这样吧，我说一根，你指一根。"

他开始指了起来，哈维已经筋疲力尽了，慢悠悠地走向他说的绳索。突然，一个绳头打中了他的肋骨，哈维感觉自己险些喘不上来气。

"等你有了自己的船，"汤姆·普莱特厉声喝道，"你就可以自立门户了。不过在那之前，就得好好服从命令。再来一次，听明白没有！"

这一通练习之后哈维就感觉浑身热乎乎的，最后被绳头打了一下，更是全身都热乎起来。现在这孩子变得非常机灵，也难怪，他父亲为人精明，母亲细腻敏感；他性情果敢，只是因为长期的溺爱，

> 对船员们来说，工作目标就是拥有一艘自己的船，但是对哈维来说，他还想不到那么远的事情，现在的他，在为回到父母身边做着努力。

他被惯得异常顽固。哈维看了看其他人，发现连丹都没有再嬉皮笑脸。看起来，尽管累得够呛，在大家心里，这也是必须干完的活儿。哈维只得忍下疲累，深吸一口气，挤出一个笑脸。那股哄母亲高兴的机灵劲儿告诉他，除了小宾，这船上没人能忍受他在这里废话连篇。只是察言观色就能让他学到很多东西。朗·杰克又点了六七种绳子叫哈维去找，哈维也很听话，像一只退潮时的鳗鱼一样在甲板上跳来跳去，还不忘瞟一眼汤姆·普莱特。

"很不错，干得很不错嘛！"曼纽尔说道，"吃完晚饭我给你瞧瞧我做的那条小纵帆船，上面的索具可是一应俱全，应该能帮你巩固巩固学习成果。"

"这是我们海上乘客的第一堂课，"丹说，"爸爸说了，不等你掉下船淹死，就能掌握一身本领了。能让爸爸说这话真是难得。咱们下次守夜的时候我再教你些别的。"

"雾好像更浓了！"特鲁普咕哝道，双眼透过浓雾凝视着船头。三角张帆杆随风舞动，十英尺开外，视线便一片模糊。泛白的巨浪一波紧接着一波，汹涌而至，哗啦啦的浪声听起来仿佛是一个个人在窃窃私语。

"过来，我教你点儿朗·杰克不会的东西。"

> 对话之间穿插环境描写，渲染氛围。

吉卜林

汤姆·普莱特朝哈维喊道，从船尾的柜子里取出一个破旧不堪的测深锤。这测深锤一端中空，汤姆·普莱特用手在盛满羊油的托盘里蘸了一下，抹在中空处，然后向前走去，"我教你放蓝鸽子。咻！"

特鲁普调了下船舵，纵帆船停了下来。曼纽尔在哈维（这孩子心里满是自豪）的帮助下把帆桁上的三角帆降了下来。汤姆·普莱特一圈又一圈地转着测深锤，测深锤发出嗡嗡的响声。

"快开始啊，"朗·杰克有些不耐烦地说道，"你可别在这大雾天往水深二十五英寻的火烧岛开船，到时候可就原形毕露喽！"

"戈尔韦人，你别说醋话。"测深锤一下子飞了出去，扑通一声从远处的海面上落下，纵帆船缓缓向前行驶。

"测深可是门学问。"丹说道，"想要在大海里航行一个星期，没有测深锤可是万万不行的，测深锤就像是水手们的眼睛。爸爸，情况怎么样？"

特鲁普的表情缓和了不少。多年的航行经历让他掌握了熟练的海上技巧，名声远扬，人人都知道他，特鲁普就算是蒙着眼睛，都能找到往大浅滩去的路。"据我判断，大概六十英寻。"他回答着，瞟了一眼驾驶台里的小罗盘。

> 一种用于测量江水、海水深度的工具。

> 本来的面目完全暴露出来。

"六十英寻！"汤姆·普莱特一边大声报数，一边收起一捆湿漉漉的缆绳。

纵帆船再次加速前进。"扔测深锤！"十五分钟后，特鲁普一声令道。

"你估计有多深？"丹小声问，还有些得意地看了哈维一眼。哈维可顾不得这些，他正为自己刚才的表现骄傲不已。

"五十英寻。"特鲁普说，"我估计我们现在正行驶在格林浅滩的槽口，这地方以前水深能达到五六十英寻。"

"五十英寻！"汤姆·普莱特大声报道。隔着浓雾，只能听见他的声音，却看不见他的身影。"不出一码，船头就会像梅肯堡的炮弹一样爆炸！"

"哈维，快加饵！"丹说着，冲过去放渔线。

纵帆船似乎在浓雾中失去了方向，头帆在狂风中猎猎作响。水手们静静等待，看着钓鱼的两个孩子。

"嘿！"丹的渔线在满是刻痕的栏杆上左右晃动，"真有老爸的！哈维，快过来帮我一把，这儿有条大鱼把钩都吞到肚子里了！"两人一齐用力拉扯，终于，一条鼓着眼睛、有二十磅重的鳕鱼被拉上来了。这鱼劲儿还真不小，鱼钩都直接被它吞进

> 拟声词，形容风声及旗帜等被风吹动的声音。

吉卜林

肚子里了。

"这鱼怎么满身都是小螃蟹?"哈维把鳕鱼翻了个身,惊声问道。

"鱼群聚在一起,已经生'虱子'了。"朗·杰克说道,"特鲁普,你多留神龙骨下面啊!"

锚一抛下去,溅起一片水花。船员们都纷纷抛出渔线,在船舷边占好位置。

"这还能吃吗?"哈维又拉上来一条满身螃蟹的鳕鱼,喘着粗气问道。

"当然能吃了。鱼一生了'虱子',就表示成千上万条鱼聚在一起了,而且你看它们咬钩的方式,这说明鱼群已经非常饿了。这种情况下,随便装点儿什么饵料都行,就是没有鱼饵,它们也会疯狂咬钩的!"

✏️ 经验丰富的船员们可以通过不寻常的情况,分析出原因,侧面反映了哈维在海上生活还有很多知识要学习。

"哎呀,这条真大!"哈维大声叫道,那鱼上了船,还张着大嘴扑腾着,就像丹说的一样,把钩都吞进肚子里了。"那我们别用小船了,就从大船上打鱼不行吗?"

"以前不宰鱼的时候,可以这样干。后来开始宰鱼,扔下船的鱼头和鱼内脏能把海里的活鱼吓得逃到芬迪港去。再说了,用大船捕鱼可不简单,除非是像爸爸一样经验丰富的人才有把握能打上鱼来。我看，咱们今晚要放拖网捕鱼了。是不是感觉腰很酸？这可比在小船上捕鱼累多了，是不？"

这工作真的非常费腰。在小船里打鱼时，鳕鱼一直都在水里，只需要在最后一刻把它拉上来即可，也就是说，大部分时间，水手和鳕鱼是并排而行的；但在大船上捕鱼可不一样，干舷比水面高出好几英尺，水手需要俯身用力去拽，而且整个身体都靠在船舷上，肚子被硌得生疼。尽管费力，大家也还是渐入佳境，情绪也逐渐高昂起来。不一会儿，打上来的鱼就已经同小山一般高了。

"小宾和索特斯叔叔呢？"哈维问道，此时，他正一边拍打防水衣上的黏液，一边学着其他人的样子把渔线收起来。

> 尽管非常累，但是哈维已经在大家的感染下，逐渐适应在海上打鱼的工作节奏。

"来点儿咖啡，咱们慢慢看吧。"

绞盘的柱子上挂着一盏灯，在昏黄的灯光下，水手舱的舱盖被打开，只见里面有两人相向而坐，中间摆着一副棋盘，小宾每走一步，索特斯叔叔都要咆哮一番，两人专注于棋局，仿佛早已将捕鱼、天气什么的抛在了脑后。

哈维一只手抓着梯子口的皮圈，一边喊厨子。"什么事儿？"见此，索特斯叔叔问道。

"抓到大鱼了，好多好多鱼。"哈维回答道，又学着朗·杰克的口吻说道，"谁赢了？"

吉卜林

小宾张口结舌。"不关他的事儿，"索特斯叔叔怒气冲冲地说，"小宾是个聋子。"

"这是跳棋，对吧？"丹问道。此时，哈维正端着一罐热气腾腾的咖啡，晃晃悠悠地朝船尾走去。"今晚该他们打扫卫生了，爸爸很公平的，他们别想偷懒！"

"他们打扫的时候，你们两个小伙子就往拖网上穿鱼饵吧。"特鲁普说着，随意地转动舵盘。

"啊？老爸，我宁愿去打扫！"

"好了，别废话了。宰鱼！宰鱼！小宾负责捡鱼，你俩负责穿鱼饵。"

"你们怎么已经开始了？这两个臭小子也不提醒一声！"索特斯叔叔说着，拖着脚走到他桌边的位置上，"丹，我这刀也太钝了！"

"渔线都放完了，你还不知道出来。我看哪，你该雇个仆人来提醒你喽。"丹说。许多装满拖网、渔线的桶子被风推到上风处，丹在这些桶子之间跨来跨去。"哎，哈维，下来跟我一块穿鱼饵啊！"

"照我们的规矩穿鱼饵。"特鲁普说，"看来，现在捕鱼的成果不错！"

这也就是说，男孩儿们用的鱼饵是宰鱼时剩下来的鳕鱼内脏，这比在鱼饵桶里乱抓一气要好得

✏️ 哈维也逐渐被船员们认可，船员们已经接纳他为船上的一分子，所以要求他自食其力，跟其他人一样干活。

> 想要办好一件事，必须有好的方法。

多。木桶里装着码得整整齐齐、每隔几英尺就有一个大鱼钩的渔线。检查鱼钩，给鱼钩上挂好鱼饵，再将装好饵料的渔线码好，以免下水时缠在一起，一套流程走下来，这可是个技术活儿。丹在黑暗中熟练地操作着，连看都不用看一眼；哈维的手指却被倒钩挂住了，不禁哀叹怎么这么倒霉。鱼钩在丹的手指间来回穿梭，仿佛老太太做针线活儿般灵巧。"我还不会走路的时候就能给拖网挂鱼饵了。"丹说道，"这活儿就是要费些体力。哦，爸爸！"丹朝舱口喊道，特鲁普和汤姆·普莱特正在那边腌鱼，"你估计咱们需要多少鳙鱼？"

"差不多三条吧。快干活儿！"

"每桶的渔线有三百英寻长，"丹解释道，"够今天晚上用的了。呦！这儿要小心点儿！"说着，他将手指放在嘴里吮了一下，"哈维，我跟你说哦，要是在格洛斯特，出多少钱我都不上拖网渔船。这的确来钱快，但却是世界上最最枯燥乏味的活儿了。"

"要是这还不算拖网捕鱼，我真不知道要说些什么了。"哈维气冲冲地说道，"我只知道，我的手指都快被扎烂了。"

"哼，这不过是老爸的一个鬼点子罢了。要不是机会难得，他才不会用拖网捕鱼呢！老爸自有他的道理，等我们把网拉上来，里面准是满满当当的一大网鱼，要不就是连块鱼鳞片也捞不着。"

小宾和索特斯叔叔正按特鲁普的指示清理甲板，但两个孩子却没沾到光。还没等木桶装满，提着灯笼检查小船状况的汤姆·普莱特和朗·杰克就把他俩招呼过去，支使他们把几个木桶还有几个上了漆的拖网鱼浮搬上小船，接着又将小船放入大海。哈维看着眼前波涛汹涌的大海，大声喊道："你们把小船装得像货车一样满当，它会沉的！"

"我们会安全回来的，"朗·杰克说，"不用担心我俩。但要是拖网打结的话，你俩就等着挨揍吧。"

小船一下子冲上浪尖，就在它快撞上纵帆船的船舷时，又从纵帆船侧面擦过，转瞬间被吞没在茫茫暮色中。

"抓住这儿，一直摇铃别停啊。"丹说着，递给哈维一个挂在锚机后的铃铛挂绳。

哈维不敢懈怠，拼命地摇着铃，心里觉得现在有两条生命要靠自己拯救。特鲁普在船舱里写着航海日记，丝毫没有凶神恶煞的样子，吃晚饭的时候，甚至还对焦虑不已的哈维挤出一个淡淡的微笑。

"这天气不算太糟。"丹说道，"走吧，咱们

✏️ 海上充满了危险，一不小心可能就会失去性命。

去收拾拖网。他们走出去够远了，看来我们的缆绳没问题。用不着再摇铃了。"

"叮当！叮当！叮当！"哈维又坚持摇了半个小时，时不时地还换个节奏。突然间，只听船舷砰的一声，曼纽尔和丹急忙跑过去拉小船的索具吊钩。朗·杰克和汤姆·普莱特同时回到甲板上，全身湿透，仿佛半个北大西洋的海水都浇到了他俩身上，小船悬在身后的空中，随即咔啦一声落在甲板上。

"没打结哦。"浑身滴水的汤姆·普莱特说道，"丹尼，以后就照这样来。"

"跟我们一块享受大餐吧。"朗·杰克像大象一样蹦跶了几下，把靴子里的水往外倒了倒，又用穿着防水衣的胳膊碰了碰哈维的脸，说道，"那我们就屈尊跟第二拨吃喽。"四个人一同前往船舱用餐。哈维饿极了，狼吞虎咽地吃着鱼杂汤和煎饼。曼纽尔从柜子里拿出一个两英尺高、制作精美的"露西·福尔摩斯号"模型，这是他制作的第一个船只模型，正要给哈维看看船上的绳子，却发现哈维已经睡着了。小宾把哈维拽到他的铺位上，整个过程中哈维连手指都没动一下。

"这一定是件伤心事儿，实在太伤心了。"小宾望着哈维的脸庞说道，"他父母肯定以为他已

> 在经过艰苦的劳作后，吃饭会特别香。"狼吞虎咽"形象地描绘出了哈维的状态。

经死了。失去了一个孩子，一个儿子，父母得怎么活啊！"

"别想太多了，小宾，"丹说道，"你到船尾去找索特斯叔叔下棋吧。哦，对了，你跟爸爸说一声，他要是不介意的话，我就替哈维值班了。哈维累坏了。"

"真是个好孩子，"曼纽尔说着，脱下靴子，钻进下铺的一片黑暗中，"希望他以后能成为一个优秀的人，丹尼。我看他不像你老爸说的那么鲁莽，是不？"

丹咯咯笑了起来，很快笑声变成了鼾声，丹也睡了过去。

外面的雾还是很浓，海风越来越猛，年长的水手们继续值着班。船舱里传来清脆的钟声，海水不停地拍打着船头，升腾起的水雾撞上水手舱上的烟囱管，两个孩子还在睡着，特鲁普、朗·杰克、汤姆·普莱特还有索特斯叔叔，一个接一个跌跌撞撞地到船尾掌舵，又到船头去检查锚缆，或者稍微调整调整方向，以免缆绳磨损，每趟还要瞥一眼那昏暗的锚灯。

（节选自《勇敢的船长》）

> 对话突然转到哈维的父母身上，此刻，他们可能正在寻找这个宝贝儿子。哈维还要在海上生活几个月的时间，当他和父母相见时，会是怎样的场面呢？

> **阅读小助手**
>
> 　　这篇小说描写了一个美国富家子弟在海上的一段奇遇。男孩哈维在豪华游轮上不幸被大浪卷入海中，后被一艘渔船救起。在他等待渔船返航的时间里，不得不接受渔船上异常艰苦的生活环境。过程中，他明白了很多做人的道理，开始改正自己的缺点，学着与人相处，同时跟着船员们学习打鱼的本领，靠自己的努力成为一个自力更生的人。
>
> 　　小说细腻且真实地刻画了哈维从一个骄横任性的公子哥儿到一个坚强乐观、自食其力的劳动者的转变过程。从这个故事中我们认识到，只有靠自己的努力得来的，才是真正值得自豪的。此外，我们也要学会在困难中坚强成长，敢于直面困难并与之搏斗。

吉卜林

如　果

戴贤丰/译

如果所有人都失去理智，向你指责泼脏，
你能不被他们的苛责左右，冷静如常；
如果所有人都怀疑你，向你无端诽谤，
你自信不疑，对他们的猜忌加以体谅；
如果你能等，就不要心生厌烦，多等几刻又何妨；

若被人欺骗，就让问题止于自己，不要以谎制谎，

若被人憎恨，就不要耿耿于怀，被怒火占据胸膛，

举止不要太过得意，说话注意分寸，切莫装腔作势；

如果你有梦想，可别被它主宰人生，要自己把控前进的方向；

如果你有自己的思想——切莫将其当成唯一的目标而念念不忘；

如果面对胜利和灾难，愿你能卸去两者的伪装，

> 整首诗通过"如果"的假设前提，描绘出很多具体场景下，作者对儿子的期待，希望他成为冷静、沉着的人，能把握自己的人生。

用好心中的那杆秤，将它们平等称量；

如果你口中的真理，被无赖们歪曲，成为戏弄愚者的伎俩，

愿你听说后能沉住气，切莫鲁莽，

又或看到你为之奉献了一生的事业被毁，也不要沮丧，

躬身弯腰，用破旧的工具将其修复，才是真正的担当。

如果你能把赢的所有钱堆成一筐，

不计风险地全部赌在一把掷币游戏上，

愿你输后能有勇气从头开始，再创昔日辉煌，

莫将失败作谈资，一个字都不要讲；

如果你已然筋疲力尽，脚步踉跄，

愿你能强迫自己的内心、神经和肌肉，继续保持顽强，

当你体内已无一丝力量留藏，

要用意志对自己的身体说："坚持下去，才能如愿以偿！"

如果遇上了平民百姓，交谈时切莫趾高气扬，

若能与王者同行，更要坚守本心，不卑不亢，

如果对手和亲朋好友都不能让你受到半点

> 能坦然面对失败的人，才是真正的勇者。

吉卜林

创伤，

如果所有人都看重你，但又不会寄予过高的期望，

<u>如果你能将每一分钟都用得满满当当，不将光阴荒废，</u>

就算只有六十秒，也值得你远远跑一趟，

若你都能做到，那么这片广袤大地的一切都可归你执掌，

而你，我的儿子，就会成为真正的男子汉，智勇无双！

🖊 一寸光阴一寸金，寸金难买寸光阴。如果能把每一天都过得有价值，生命就会更加精彩。

阅读小助手

　　这是作者写给十二岁儿子的一首诗，语言质朴，风格简约，平淡之中蕴含着深邃的哲理。

　　诗中处处流露出父亲对儿子的期望，这既是一种教导，也是一种爱。读这首诗，在感动之余也能提醒自己，要成为一个坚强、勇敢、智慧的人。

○ 作家档案

中 文 名：**罗曼·罗兰**

外 文 名：Romain Rolland

国　　籍：法国

出生日期：1866年1月29日

逝世日期：1944年12月30日

认识作者

　　罗曼·罗兰，作家、音乐学家、社会活动家。生于法国克拉姆西镇，他的父亲是银行小职员，母亲在音乐上很有造诣。受母亲熏陶，罗曼·罗兰从小爱好音乐。在巴黎高等师范学校毕业后赴罗马进修两年。1895年获艺术博士学位。后任艺术史、音乐史教授。

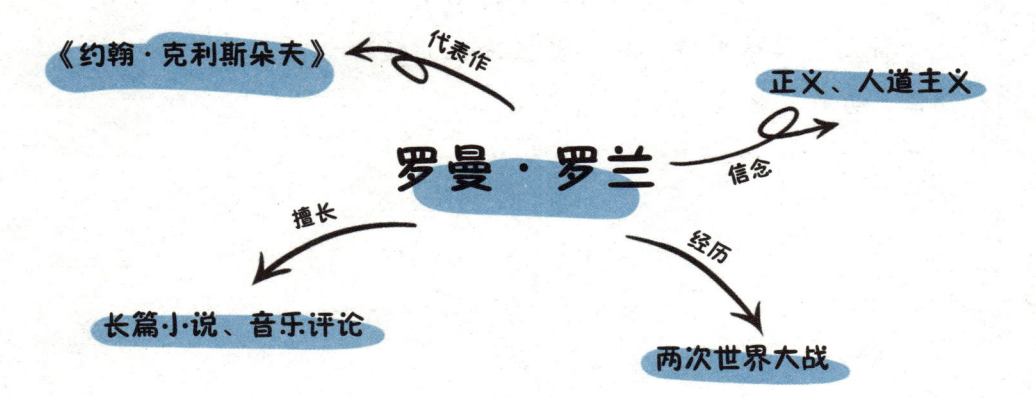

罗曼·罗兰

- 代表作 → 《约翰·克利斯朵夫》
- 信念 → 正义、人道主义
- 擅长 → 长篇小说、音乐评论
- 经历 → 两次世界大战

1915年诺贝尔文学奖

获奖理由：

他文学作品中高尚的理想主义和他在描写各种不同人物时所具有的同情和对真理的热爱。

创作风格

罗曼·罗兰用豪爽质朴的文笔刻画了在时代风浪中，为追求正义、光明而奋勇前进的知识分子形象。在提到艺术风格时，罗曼·罗兰表示，除了"诚恳"二字，他不希望别人认为他有什么别的优点。他是一个有广泛国际影响的作家，也是著名的社会活动家，一生为争取人类自由、民主与光明而奋斗，这在他的作品中也有深刻的体现。

作文素材

真正的光明绝不是永没有黑暗的时间，只是永不被黑暗掩蔽罢了。真正的英雄绝不是永没有卑下的心理，只是永不被卑下的心理控制罢了。《约翰·克利斯朵夫》

一个人活着不能够光读理论和穷究哲理，而必须实实在在地生活，这就是说，必须做一个实际的人。《托尔斯泰传》

世界上只有一种真正的英雄主义，那就是认清生活的真相后，依然热爱生活。《米开朗琪罗传》

论创造

李泓淼/译

> 开篇运用比喻的修辞手法和提出疑问,既点出了主旨,又使文章起了波澜,启发我们去思考。

> 虽然生命美好,但是只有梦想的弓弦被拉响才能体现其价值。

生命是一张弓,弓弦是梦想。箭手何在?

我见过许多制作精美的弓,所用的木料柔韧坚实,没有任何木疤;弓体造型协调匀称,隆起成一道完美的弧线,如同天神的眉毛一般。但它们的弓弦却从未被拉响。

我见过即将被拉动的弓弦,它们在沉寂中微微颤动,就像内心深处悸动的心弦。弓弦绷紧,行将歌唱……银色箭矢般的音符被射出,在空气构成的湖面上泛起阵阵涟漪,弓弦在期盼什么?……弓弦松弛了下来。没人再能听到它们被拉响的声音。

箭筒长眠,箭矢四散,箭手何时再来引弓?

很早之前,他的箭矢便已搭在了我的梦想弓弦之上。我几乎想不起来自己何时与他擦肩而过。神明了我的渴望!我的一生都在梦想。我曾梦想着我的爱、行动和思想。在那些不眠的夜晚和整日幻想的白昼,我头脑中的舍赫拉查德开始摇动她的纺锤,我的思想也开始了天马行空的驰骋,她迫不及待地讲述着,梦想的丝线缠绕在一起,我的思想也开始混乱起来。生命之弓被弃置不用，主宰我生命的箭手睡着了。但即便在睡梦中，他也没有松开我。我这张弓就躺在箭手的身边，我能感受到他俊美的手，那修长的手指轻轻地搭在我木制的弓臂上。手指肚摩挲着弓弦，在黑夜中奏鸣。我将自身的波动和他身体的颤动融为一体，我颤抖着等待着他醒来的一刻，那时神圣的箭手将再度握紧我。

所有生命都在他的掌中，思想与肉体，人类，动物，元素，水与火，气流与树脂，一切有生之物……

<u>生存不足道！要生存就要行动起来。原动力你在哪？箭手，我向你祈求！生命之弓在你脚下萎靡。弯下腰！将我拾起！张弓！射箭吧！</u>

手起弓落，我的箭矢飞驰而去。箭手将手收回，置于肩头，目光注视着箭矢的踪迹直至它消失不见，与此同时被松开的弓弦的震颤也逐渐平息。

这种放松的感觉真是奇妙！谁又能解释呢？一切生命的意义就在于此，在于创造的刺激。

万物都在等待中生活着。我常常观察动植物——这些比人类低等的生物——睡觉时的奇特样貌，包裹在茎衣中的树木、做梦的反刍动物、梦游的马、一生浑噩酣睡的生物……我在它们身上感受到了一种无意识的智慧，其中有一丝惆怅的微光，

> ✏️ 作者的态度非常清晰——人要行动起来！生命之弓需要箭手的力。

那微光是思想之光即将迸发的前兆：

"……思想迸发之时何时到来？……"

微光熄灭。它们又归于沉睡，疲惫而听天由命……

"……时机未到……"

我们还需等待。

我们人类经过了漫长的等待，终于等来了自己的时机。

对于某些人，智慧的使者只站在门口。而对另一些人，使者则一脚跨过门槛，用脚推着他们说："快醒醒！该走了！"

我站起来了。咱们走！

我创造，所以我生存。生命之初的第一个行动就是创造。刚从母腹中出生，男性婴儿就会立刻洒下几滴种子。一切都是种子，身体和精神皆是如此。每个健全的思想都包裹着植物的种子，播撒着生命的花粉。造物者并不是一周工作六天，礼拜日休息的组织工人。礼拜日是神圣的日子，是伟大造物者的日子。造物者一心创造。如果他停止创造，只消一秒，他就会消亡。空虚会张开双颚伺机将他吞噬……大叫，吞噬，再无声音！巨大的播种者播撒着种子，仿佛阳光倾泻，而他播下的每一颗种子又变成新的太阳。播撒吧，肉体和精神的双重收获

> 创造即行动，行动即创造，呼应上文"要生存就要行动起来"。

遥遥在望！肉体和精神同是生命的源泉……"我不朽的女儿们，刘克屈拉和曼蒂尼亚……"我产生的思想和行动，如同我身体的果实一般……化为文字永存……就像葡萄工人在大桶中用脚踩出葡萄汁一样，这是我生命的葡萄榨出的果汁……

所以，我一直在创造……

阅读小助手

这是一篇哲理散文，运用了丰富的联想和形象的比喻，深刻地表达了生命的意义就在于创造，我们不能让精美的弓毫无用处，也不能让梦想的弓弦停止颤动。

罗曼·罗兰既是一位作家又是一位伟大的思想家，在他眼中，创造一直是最值得被人类歌颂的品质之一，正如同他最著名的长篇小说《约翰·克利斯朵夫》中的那句话："唯有创造才是快乐，唯有创造的生灵才是真正的生灵。"

○ 作家档案

中文名：福克纳

外文名：William Faulkner

国　籍：美国

出生日期：1897年9月25日

逝世日期：1962年7月6日

认识作者

　　福克纳，小说家。第一次世界大战结束后曾在密西西比大学学习，在学校里他开始创作诗歌、散文和短篇小说，有的被发表在学生刊物《密西西比人》上。结束密西西比大学的学习后，福克纳在一家书店做店员，期间他阅读了大量作品，并坚持创作，直到开始创作自己的"约克纳帕塔法世系"小说，走向创作高峰。

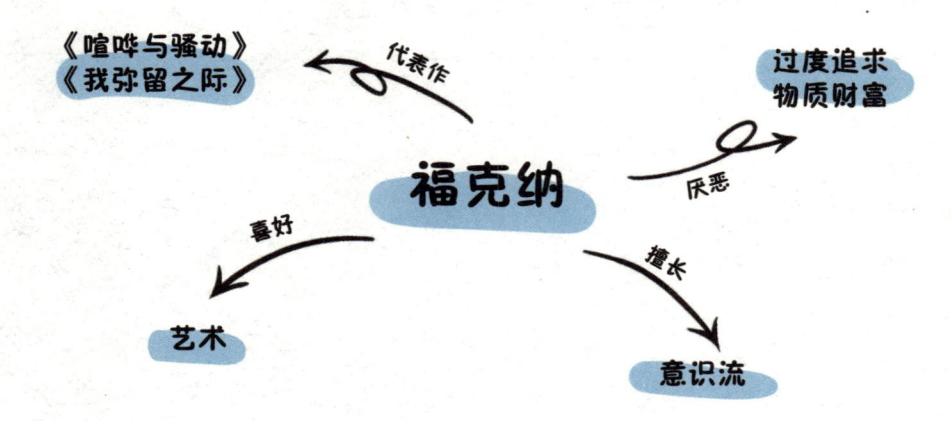

福克纳
- 代表作 →《喧哗与骚动》《我弥留之际》
- 厌恶 → 过度追求物质财富
- 喜好 → 艺术
- 擅长 → 意识流

1949 年诺贝尔文学奖

获奖理由：
　　由于他对当代美国小说做出的强有力的和艺术上无与伦比的贡献。

创作风格

　　福克纳的作品风格千姿百态，对当代美国小说做出了强有力的和艺术上无与伦比的贡献。他作品中的意识流、多角度叙事、象征隐喻等手法和表现方式，使小说的结构细腻而复杂。他擅长意识流的表现手法，即经由梦魇、幻想、潜意识，着重刻画人物的内心世界和活动。而多角度的叙述方法则增强了作品的层次感和人物的真实感，让作品更具深度。

作文素材

　　不要伤脑筋去超越你的同辈或是前任，努力超越你自己。《野棕榈》

　　过去其实并没有真正地过去，过去就活在今天。《修女安魂曲》

　　我们都认为是这个世界亏欠了我们，使我们没有能得到幸福；在我们得不到幸福时，我们就把责任怪在最靠近我们的那个人身上。《福克纳随笔》

阿尔贝·加缪

张庆彬/译

> 不接受命运的安排,不被命运打败,就会找到生命的意义。

加缪说过,我们出生到这个充满巧合、无法掌控的世界上,唯一真正的职责就是活下去。我们要意识到自己生命的存在,意识到我们应该反抗命运,追求自由。他还说过,如果我们认为人类的生命没有任何意义,而只有选择走向死亡这一条路,那么我们就错了。我们应当走的道路是通向生命和阳光的。如果一个人生下来便被命运赋予了悲惨的境遇,他难道应当就这样忍受下去并走向终点?加缪不愿意永远忍受被命运赋予的折磨,所以他选择反抗命运,努力改善自己的境遇。他不愿忍受无尽的折磨与痛苦,就不会走向只通往死亡的道路。他选择了对命运安排在自己身上的苦难进行反抗,所以他走的是一条通向生存和希望的道路,这条道路完全是我们用与命运相比无比微弱的力量,通过不懈的努力创造出来的。

他曾说:"我不相信死亡能通向另一个生命。对我来说,那是一扇关闭的门。"他曾经尝试过相信,但他终究选择了质疑。像所有的思想家一样,

<u>他不自觉地将生命投入到探索一个人自我存在的意义，并寻找问题的答案中去。</u>在他获得诺贝尔奖时，我给他发了电报，向他追求永恒的自我、寻找答案的灵魂致敬。

在他乘车撞到树上，并因此丧生的那一刻，他仍在探索自我和寻找答案。我不认为他在那个突兀的瞬间找到了答案，我不相信人生意义这个问题的答案可以被找到。我相信它们只能被寻找，被永远地追求，而且总是由某个不甘于让人生意义归于死亡、不愿意让自己生命的一切都交由命运荒谬地安排的人来寻求。这样的人并不多，但只要有一个就足够了。

有人会说，他走得太年轻，没能完成他伟大的事业。但其实这并非关于时间的问题，也不是关于长度的问题，而是关于本质的问题。当他坚定地将人生意义赋予在对命运的反抗而非屈服之后，他已经在做每个思想家都渴望做的事，每一个与他一起生活过、对死亡有着共同感悟，并无比憎恨死亡的思想家都期待做的事：我曾经在这个世界上生活过。在那一刻，他正在这样做，也许在他死去的那一瞬，他甚至意识到他已经成功了。除此之外，他已经别无所求了。

> 加缪之所以伟大，就在于他清楚命运的荒诞却仍然没有放弃探索自我存在的意义。

> **阅读小助手**
>
> 1960年，阿尔贝·加缪死于一场车祸，年仅四十七岁。
>
> 这是一篇悼念阿尔贝·加缪的文章，字里行间充满了对加缪的赞美和惋惜之情。同为诺贝尔文学奖得主的阿尔贝·加缪，比福克纳小十六岁，是一位享誉世界的法国作家、哲学家。

○ 作家档案

中 文 名：夸西莫多

外 文 名：Salvatore Quasimodo

国　　籍：意大利

出生日期：1901年8月20日

逝世日期：1968年6月14日

认识作者

　　夸西莫多，当代意大利最杰出的诗人之一。他出生于西西里岛的莫迪卡镇，父亲是铁路职员。由于父亲工作频繁调动，夸西莫多的童年是在不断的迁移中，在穷乡僻壤度过的。童年时受姑母影响，爱上诗歌。在学校时和同学们创办文学刊物，发表诗作。1930年正式以诗人身份出版了第一本诗集。

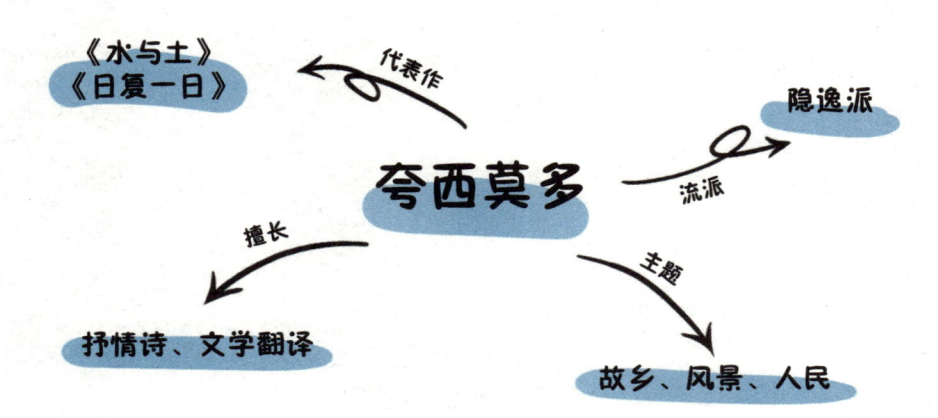

《水与土》
《日复一日》 ← 代表作

夸西莫多

流派 → 隐逸派

擅长 → 抒情诗、文学翻译

主题 → 故乡、风景、人民

1959年诺贝尔文学奖

获奖理由：
　　由于他的抒情诗以古典的激情表现了我们时代的悲剧性生活经历。

创作风格

　　夸西莫多的诗歌，是他那个时代的生活的写照，也是诗人心灵世界的剖白。夸西莫多擅长把对内心世界的抒发同对自然景物的描绘融合在一起，把感触最深的一刹那捕捉住，又从自然中摄取新巧的景象，情中景，景中情，情景妙合，在对客观环境的描写中，写出人的主观感受，刻画人的精神、灵魂。

作文素材

　　诗人并不"说话"，而是提炼自己的心灵和自己的认识，他让自己的这些奥秘"存在"，让它们从隐秘走向公众。《关于诗歌的谈话》

　　野蛮用杀人凶器和混乱的思想武装自己，然而，文化仍然有能力粉碎它的每一次进攻。《诺贝尔文学奖获奖演说》

　　美的观念不仅寓于和谐，而且寓于不和谐，因为不和谐同样可以达到美的艺术高点。《诺贝尔文学奖获奖演说》

雨洒落过来了

卿荷梦玥/译

雨洒落过来了,
沉寂的空气微微颤抖。
燕子掠过伦巴第,
湖面上有雨点飞翔,
像海鸥追逐游玩的小鱼。
园子栅栏间透出干草香,
岁月匆匆,
没有呻吟,没有呐喊,
抬起头,一天又过去了。

> 在一个下雨天,诗人感叹着时光的流逝与生命的不息。

夸西莫多

我什么也没有失去

卿荷梦玥/译

我仍在此处，
太阳依旧盘旋在山间犹如翱翔之鹰，
大地模仿你回响着我心中的声音，
又一轮白昼，
眼中闪现光芒，
我什么也没有失去，
失去就是前行，
天空的图谱，
沿着梦的轨迹，
一条河撒满落叶。

> 河中撒满落叶，象征着人生的遗憾太多，而诗人却并不在意，因为他知道"失去就是前行"，不断地往前走，才是人生的真谛。

阅读小助手

夸西莫多的诗歌运用了很多隐喻，草木、四季、天空与河流，都有着很强的象征和联想。其实，读不懂不要紧，重要的是感受诗中所表达的意境。不要因为"读不懂"而放弃，多读优秀的作品，你也能轻松写出优美的句子。